CODE

DE

JUSTICE MILITAIRE

POUR

L'ARMÉE DE TERRE

1072. — ABBEVILLE. — TYP. ET STÉR. GUSTAVE RETAUX.

CODE

DE

JUSTICE MILITAIRE

POUR

L'ARMÉE DE TERRE

EXPLIQUÉ

PAR L'EXPOSÉ DES MOTIFS

LE RAPPORT ET LA DISCUSSION AU CORPS LÉGISLATIF

SUIVI

du Code d'instruction criminelle
du Code pénal ordinaire, des lois organiques de l'armée
et des lois complémentaires du Code militaire

Par Louis TRIPIER

Docteur en droit, auteur des *Codes français*

2ᵉ ÉDITION

AUGMENTÉE D'UN SUPPLÉMENT ET MISE EN RAPPORT AVEC LA LÉGISLATION ACTUELLE

PAR

A. CHAMPOUDRY

Officier d'administration, greffier du 2ᵉ Conseil de guerre de Lille,
Auteur du *Manuel des Tribunaux des Armées de terre et de mer.*

❖◦◦◦◦❖⊱❖⊰◦◦◦◦❖

PARIS

L. LAROSE, LIBRAIRE-ÉDITEUR

22, RUE SOUFFLOT, 22

—

1879

SUPPLÉMENT

Additions et changements apportés aux lois contenues dans cet ouvrage depuis sa publication.

CODE DE JUSTICE MILITAIRE (1).

Loi du 16 mai 1872.

Les articles 11, 12 et 30 du Code de justice militaire sont modifiés ainsi qu'il suit :

11. Pour juger un général de division ou un maréchal de France, les maréchaux et les généraux de division sont appelés suivant l'ordre d'ancienneté à siéger dans les conseils de guerre, à moins d'empêchement admis par le ministre de la guerre.

Le président du conseil de guerre est choisi parmi les maréchaux désignés en vertu du paragraphe précédent, ou, à défaut d'un maréchal, parmi les juges désignés dans les conditions que détermine l'article 12.

12. A défaut d'un nombre suffisant de maréchaux, sont appelés à faire partie du conseil de guerre d'après leur rang d'ancienneté et dans l'ordre suivant :

1° Les amiraux ;

2° Des officiers généraux ayant commandé en chef devant l'ennemi. — Ces officiers généraux sont nommés par le ministre de la guerre, qui restera juge en cas d'empêchement.

Les fonctions de commissaire du gouvernement peuvent être remplies par un général de division, et celles de rapporteur sont exercées par un officier général.

30. Lorsque le conseil de guerre dont le jugement est attaqué

---

(1) Page cccxxxiii.

a été présidé par un maréchal de France, ou par un général de division, le conseil de révision est également présidé par un général de division, ou par un maréchal de France, ou, à défaut d'un maréchal, par un officier général désigné suivant les conditions déterminées par l'article 12. — Le général de brigade siége alors comme juge, et le chef de bataillon, d'escadron ou major, le moins ancien de grade, ou, à égalité d'ancienneté, le moins âgé, ne prend point part au jugement de l'affaire.

Loi du 26 juillet 1873.

L'article 10 du Code de justice militaire, déterminant la composition du conseil de guerre, suivant le grade des accusés, est complété ainsi qu'il suit :

10. . . . .

Lorsqu'une affaire paraîtra de nature à entraîner de longs débats, le ministre de la guerre ou le général commandant la circonscription, suivant le cas, pourra, avant l'ouverture des débats, désigner dans chaque catégorie ou grade devant composer le conseil de guerre, un ou deux juges supplémentaires.

Ces juges seront pris, d'après l'ordre d'ancienneté, à la suite des juges appelés à siéger au conseil de guerre. Ils assisteront aux débats, dans les mêmes conditions que les autres juges ; mais ils ne prendront part aux délibérations dans la chambre du conseil que dans le cas où ils auraient remplacé un juge empêché, ainsi qu'il est dit ci-après :

Si par une cause régulièrement constatée, un juge était empêché de siéger, il sera remplacé par le juge supplémentaire ou le plus ancien des deux juges supplémentaires de son grade ou de sa catégorie.

Cette disposition est applicable aux conseils de guerre créés en conformité du Code de justice militaire, ainsi que des lois du 7 août et du 7 mai 1872.

Loi du 18 mai 1875, portant modification du Code de justice militaire.

Article 1er. Les articles 2, 7, 13, 18, 33, 34, 35, 37, 42, 44, 45, 46, 48, 49, 50, 70, 71, 81, 85, 109, 156, 230, 231, 234 et 235 du Code de justice militaire sont modifiés ainsi qu'il suit :

LIVRE Ier. — TITRE Ier.

CHAPITRE Ier.

DES CONSEILS DE GUERRE PERMANENTS DANS LES CIRCONSCRIPTIONS TERRITORIALES.

Art. 2. Il y a un conseil de guerre permanent au chef-lieu de chacune des circonscriptions militaires territoriales formées, à l'intérieur, sous le titre de région de corps d'armée ou de commandement supérieur, et, en Algérie, sous le titre de division militaire.

Si les besoins du service l'exigent, d'autres conseils de guerre permanents peuvent être établis dans la circonscription par un décret du chef de l'État, qui fixe le siége de chacun de ces conseils et en détermine le ressort.

Art. 7. Les commissaires du Gouvernement et les rapporteurs sont pris parmi les officiers supérieurs, les capitaines, les sous-intendants militaires ou adjoints, soit en activité, soit en retraite.

Les substituts sont pris parmi les officiers en activité dans la circonscription. Exceptionnellement et lorsque les besoins du service l'exigent, il peut être dérogé à cette règle en vertu d'une décision du Ministre de la guerre.

Art. 13. Pour juger un membre du corps de l'intendance militaire, un médecin, un pharmacien, un officier d'administration, un vétérinaire ou tout autre individu assimilé aux militaires, le conseil de guerre est composé suivant le grade auquel le rang de l'accusé correspond.

Art. 18. Lorsque, dans les cas prévus par les lois, il y a lieu de traduire devant un conseil de guerre, soit comme auteur principal, soit comme complice, un individu qui n'est ni militaire ni assimilé aux militaires, le conseil reste composé, suivant le cas, comme il est dit aux articles 3 et 33 pour les sous-officiers, caporaux et soldats, à moins que le grade ou le rang d'un coaccusé militaire n'exige une autre composition.

LIVRE Ier. — TITRE II.

CHAPITRE Ier.

DES CONSEILS DE GUERRE AUX ARMÉES.

Art. 33. Lorsqu'un corps d'armée est appelé, ou que plusieurs corps d'armée réunis en armée sont appelés à opérer, soit sur le territoire, soit au dehors, un ou deux conseils de guerre sont établis, sur l'ordre du Ministre de la guerre, dans chaque division active, ainsi qu'au quartier général de l'armée, et, s'il y a lieu, au quartier général de chaque corps d'armée.

Si une division active ou un détachement de troupes de la force d'un bataillon au moins sont appelés à opérer isolément, un ou deux conseils de guerre peuvent également être formés dans la division ou dans le détachement.

Ces conseils de guerre sont composés de cinq juges seulement, conformément au tableau ci-après, suivant le grade de l'accusé, jusqu'à celui de lieutenant-colonel inclusivement.

GRADE DE L'ACCUSÉ.	GRADE DU PRÉSIDENT.	GRADE DES JUGES.
Sous-officier, caporal ou brigadier, soldat.	Colonel ou lieutenant-colonel.	1 chef de bataillon, chef d'escadron ou major, 1 capitaine, 1 lieutenant ou sous-lieutenant, 1 sous-officier.
Sous-lieutenant.	Colonel ou lieutenant-colonel.	1 chef de bataillon, chef d'escadron ou major, 1 capitaine, 1 lieutenant, 1 sous-lieutenant.
Lieutenant.	Colonel ou lieutenant-colonel.	1 chef de bataillon, chef d'escadron ou major, 1 capitaine, 2 lieutenants.
Capitaine.	Colonel.	1 lieutenant-colonel, 1 chef de bataillon, chef d'escadron ou major, 2 capitaines.
Chef de bataillon, chef d'escadron, major.	Général de brigade.	1 colonel, 1 lieutenant-colonel, 2 chefs de bataillon, chefs d'escadron ou majors.
Lieutenant-colonel.	Général de brigade.	2 colonels, 2 lieutenants-colonels.

Il y a près de chaque conseil un commissaire du Gouvernement rapporteur, remplissant à la fois les fonctions de magistrat instructeur et celles du ministère public, et un greffier.

Il peut être nommé un ou plusieurs substituts du commissaire du Gouvernement rapporteur et un ou plusieurs commis-greffiers.

Les articles 11, 12, 13, 14, 16, 17 et 18 du présent Code sont applicables aux conseils de guerre ainsi composés.

Il n'est rien changé à la composition des conseils déterminés par l'article 10 du présent Code, pour les autres grades, à partir de celui de colonel.

Art. 34. Les membres des conseils de guerre, ainsi que les commissaires du Gouvernement rapporteurs, les substituts, les greffiers et commis-greffiers, sont pris parmi les officiers et les sous-officiers employés dans l'armée, le corps d'armée, la division ou le détachement près desquels ces conseils sont établis.

Art. 35. Les membres des conseils de guerre sont nommés et remplacés, savoir :

Dans la division, par le général commandant la division ;

Au quartier général de l'armée, par le général en chef ;

Au quartier général du corps d'armée, par le général commandant le corps d'armée ;

Dans le détachement de troupes, par le commandant de ce détachement.

S'il ne se trouve pas, soit dans la division, soit dans l'armée, soit dans le corps d'armée, soit dans le détachement où se forment les conseils de guerre, un nombre suffisant d'officiers du grade requis pour leur composition, il y est suppléé en descendant dans la hiérarchie, même jusqu'au grade inférieur à celui de l'accusé, si cela est nécessaire, mais sans que plus de deux juges puissent être pris dans cette catégorie.

Si, nonobstant la disposition du paragraphe précédent, il y a dans les divisions, corps d'armée et détachements, insuffisance de militaires du grade requis pour composer les conseils de guerre qui y sont attachés, il y est pourvu par le général en chef au moyen d'officiers pris dans l'armée.

En cas d'impossibilité absolue par le général en chef de composer le conseil de guerre du quartier général, il y est pourvu par le Ministre de la guerre, qui compose ce conseil conformément aux dispositions de l'article 21 du présent Code, ou renvoie l'officier inculpé devant l'un des conseils de guerre permanents des circonscriptions territoriales voisines.

Art. 37. Les articles 15, 22, 23 et 24 du présent Code sont applicables aux conseils de guerre siégeant aux armées.

CHAPITRE III

DISPOSITIONS COMMUNES AUX DEUX CHAPITRES PRÉCÉDENTS.

Art. 42. Lorsque des armées, corps d'armée, divisions actives ou détachements de troupes sont appelés à opérer, soit sur le territoire, soit au dehors, les conseils de guerre et de révision permanents qui se trouvent déjà organisés dans les circonscriptions territoriales connaissent de toutes les affaires de la compétence des conseils de guerre et de révision aux armées, tant que des conseils d'armée n'ont pas été créés conformément aux chapitres I et II du présent titre.

CHAPITRE IV.

DES CONSEILS DE GUERRE DANS LES COMMUNES ET LES DÉPARTEMENTS EN ÉTAT DE SIÉGE ET DANS LES PLACES DE GUERRE ASSIÉGÉES OU INVESTIES.

Art. 44. Il est établi deux conseils de guerre dans toute place de guerre assiégée ou investie.

La formation de ces conseils est mise à l'ordre du jour de la place.

Leurs fonctions cessent dès que l'état de siége est levé, sauf en ce qui concerne le jugement des crimes et délits dont la poursuite leur a été déférée.

Art. 45. Les membres des conseils de guerre établis dans les places de guerre, en vertu de l'article précédent, sont nommés et remplacés par le gouverneur ou le commandant supérieur de la place qui, à défaut de militaires en activité, peut les prendre parmi les officiers et les sous-officiers en non-activité, en congé ou en retraite. Dans ce cas, ils prêtent, entre les mains du commandant supérieur, le serment prescrit par l'article 25 du présent Code. S'il ne se trouve pas dans la place un nombre suffisant d'officiers des grades exigés pour la formation des conseils, il y est suppléé par des officiers et sous-officiers des grades inférieurs les plus rapprochés.

Art. 46. Les conseils de guerre établis dans les places de guerre en vertu de l'article 44 sont composés comme les conseils de guerre aux armées.

Les articles 11, 12, 13, 14, 15, 16, 17, 18, 22, 23, 24, 33 et 34 du présent Code leur sont applicables.

CHAPITRE V.

DES CONSEILS DE RÉVISION DANS LES COMMUNES ET LES DÉPARTEMENTS EN ÉTAT DE SIÉGE ET DANS LES PLACES DE GUERRE ASSIÉGÉES OU INVESTIES.

Art. 48. Il est établi un conseil de révision dans toute place de guerre assiégée ou investie.

Les membres de ce conseil sont nommés et remplacés par le gouverneur ou le commandant supérieur de la place. Ils sont pris dans les catégories indiquées dans l'article 45 du présent Code.

En cas d'insuffisance, le conseil est réduit à trois juges, conformément à l'article 41.

Art. 49. Les articles 27, 30, 31 et 32 du présent Code sont applicables aux conseils de révision siégeant dans les places de guerre assiégées ou investies.

CHAPITRE VI.

DISPOSITIONS COMMUNES AUX DEUX CHAPITRES PRÉCÉDENTS.

Art. 50. S'il existe déjà dans la place de guerre assiégée ou investie des conseils de guerre ou de révision, l'organisation en est modifiée et complétée, s'il y a lieu, conformément aux dispositions des deux chapitres précédents.

LIVRE II. — TITRE Ier.

CHAPITRE III.

COMPÉTENCE DES CONSEILS DE GUERRE DANS LES COMMUNES ET LES DÉPARTEMENTS EN ÉTAT DE SIÉGE ET DANS LES PLACES DE GUERRE ASSIÉGÉES OU INVESTIES.

Art. 70. Les conseils de guerre dans le ressort desquels se trouvent les communes et les départements déclarés en état de siége, et les places de guerre assiégées ou investies, connaissent de tous les crimes et délits commis par les justiciables des conseils de guerre aux armées, conformément aux articles 63 et 64 ci-dessus, sans préjudice de l'application de la loi du 9 août 1849 sur l'état de siége.

CHAPITRE IV.

DISPOSITIONS COMMUNES AUX TROIS CHAPITRES PRÉCÉDENTS.

Art. 71. Les jugements rendus par les conseils de guerre peuvent être attaqués par recours devant les conseils de révision.

La faculté, pour les condamnés, de former un recours en révision contre les jugements des conseils de guerre établis conformément au 3e paragraphe de l'article 33, peut être temporairement suspendue aux armées par un décret du chef de l'État, rendu en conseil des ministres.

Le commandant supérieur d'une place assiégée ou investie a toujours le droit d'ordonner cette suspension.

Dans tous les cas, lorsque cette mesure est prise, elle est portée à la connaissance des troupes par la voie de l'ordre, et, au besoin, à la connaissance de la population par voie d'affiches. Elle n'a d'effet qu'à l'égard des condamnés jugés pour des crimes ou délits commis après cette publication, et les condamnations, soit à la peine de mort, soit à toute autre peine infamante, ne sont exécutées que sur un ordre signé de l'officier qui a ordonné la mise en jugement.

TITRE V.

DES POURVOIS DEVANT LA COUR DE CASSATION.

Art. 81. Les accusés ou condamnés qui ne sont pas compris dans les désignations de l'article précédent peuvent attaquer les jugements des conseils de guerre et des conseils de révision devant la Cour de cassation, mais pour cause d'incompétence seulement.

Le pourvoi en cassation ne peut être formé avant qu'il ait été statué sur le recours en révision, ou avant l'expiration du délai fixé pour l'exercice de ce recours.

Les pourvois en cassation contre les jugements des conseils de guerre sont absolument interdits en temps de guerre, pour tous les condamnés sans exception, lorsque le recours en révision a été suspendu comme il est dit au 2ᵉ paragraphe de l'article 71.

LIVRE III. — TITRE Iᵉʳ.

CHAPITRE Iᵉʳ.

PROCÉDURE DEVANT LES CONSEILS DE GUERRE, DANS LES CIRCONS-CRIPTIONS TERRITORIALES EN ÉTAT DE PAIX.

Art. 85. Les commandants et majors de place, les chefs de corps, de dépôt et de détachement, les chefs de service d'artillerie et du génie, les membres de l'intendance militaire, peuvent faire personnellement ou requérir les officiers de police judiciaire, chacun en ce qui le concerne, de faire tous les actes nécessaires à l'effet de constater les crimes et délits, et d'en livrer les auteurs aux tribunaux chargés de les punir.

Les chefs de corps peuvent déléguer les pouvoirs qui leur sont donnés par le précédent paragraphe, à l'un des officiers sous leurs ordres.

Art. 109. L'ordre de mise en jugement, ou, suivant le cas, l'ordonnance de non-lieu, est adressé au commissaire du Gouvernement avec toutes les pièces de la procédure. S'il y a mise en jugement, le commissaire du Gouvernement, trois jours au moins avant la réunion du conseil de guerre, notifie cet ordre à l'accusé, en lui faisant connaître le crime ou le délit pour lequel il est mis en jugement, le texte de la loi applicable et les noms des témoins qu'il se propose de faire citer.

Il l'avertit, en outre, à peine de nullité, que s'il ne fait pas choix d'un défenseur, il lui en sera nommé un d'office par le président.

CHAPITRE II.

PROCÉDURE DEVANT LES CONSEILS DE GUERRE AUX ARMÉES, DANS LES CIRCONSCRIPTIONS TERRITORIALES EN ÉTAT DE GUERRE, DANS LES COMMUNES ET LES DÉPARTEMENTS EN ÉTAT DE SIÉGE ET DANS LES PLACES DE GUERRE ASSIÉGÉES OU INVESTIES.

Art. 156. Aux armées, dans les circonscriptions territoriales en état de guerre, et dans les places de guerre assiégées ou investies, l'accusé peut être traduit directement, et sans instruction préalable, devant le conseil de guerre.

La procédure est réglée comme il suit, à partir de l'ordre de mise en jugement, qu'il y ait eu ou non instruction préalable :

1° La citation est faite à l'accusé vingt-quatre heures au moins avant la réunion du conseil; elle contient notification de l'ordre de convocation; elle indique, conformément à l'article 109, le crime ou le délit pour lequel il est mis en jugement, le texte de la loi applicable et les noms des témoins que le commissaire rapporteur se propose de faire entendre.

Le commissaire rapporteur désigne un défenseur d'office avant la citation. L'accusé peut en présenter un de son choix jusqu'à l'ouverture des débats ; la citation doit notifier à l'accusé le nom du défenseur désigné et l'avertir qu'il peut en choisir un autre;

2° Le défenseur peut prendre connaissance de l'affaire et de tous les documents et renseignements recueillis ; à partir du moment où la citation a été donnée, il peut communiquer avec l'accusé ;

3° Le conseil de guerre se réunit au jour indiqué et procède au jugement de l'accusé dans les formes prescrites par les articles 113 et suivants du présent Code. L'accusé a le droit, sans formalités ni citations préalables, de faire entendre à sa décharge tout témoin présent à l'audience et qu'il aura désigné au commissaire du gouvernement rapporteur avant l'ouverture des débats;

4° Les questions indiquées à l'article 132 sont résolues, et la peine est prononcée, à la majorité de cinq voix contre deux ou de trois voix contre deux, selon que le conseil de guerre est composé de sept juges ou seulement de cinq ;

5° Le condamné pourra se pourvoir en révision dans le délai et suivant les formes prévues aux articles 143, 159 et suivants du présent Code, à moins que le droit de former ce recours n'ait été suspendu par application de l'article 71.

LIVRE IV. — TITRE II.

CHAPITRE V.

Section Iʳᵉ. — *Insoumission*.

Art. 230. Sont considérés comme insoumis et punis d'un emprisonnement d'un mois à un an les engagés volontaires et les hommes appelés par la loi qui, n'ayant pas déjà servi, ne sont pas rendus à leur destination, hors le cas de force majeure, dans le mois qui suit le jour fixé par leur ordre de route.

Sont également considérés comme insoumis et punis de la même peine les hommes de la disponibilité et de la réserve de l'armée active, de l'armée territoriale et de la réserve de cette armée, à quelque catégorie qu'ils appartiennent, qui, ayant déjà servi et étant appelés à l'activité par ordre individuel, ne sont pas rendus à leur destination, hors le cas de force majeure, dans les quinze jours qui suivent celui fixé par leur ordre de route.

Les délais ci-dessus déterminés sont portés : 1° à deux mois pour les hommes demeurant en Algérie et en Europe ; 2° à six mois pour ceux demeurant dans tout autre pays.

En temps de guerre ou en cas de mobilisation par voie d'affiches et de publications sur la voie publique, les délais ci-dessus sont réduits à deux jours pour les hommes dont il est parlé aux 1ᵉʳ et 2ᵉ paragraphes du présent article, et diminués de moitié pour ceux que le 3ᵉ paragraphe concerne.

En temps de guerre, la peine est de deux à cinq ans d'emprisonnement, sans préjudice des dispositions spéciales édictées par l'artiéle 61 de la loi du 27 juillet 1872.

Conformément au dernier paragraphe de l'article 68 de cette même loi, les peines prononcées par le présent article pourront être modifiées par l'application de l'article 463 du Code pénal.

SECTION II. — *Désertion à l'intérieur.*

Art. 231. Est considéré comme déserteur à l'intérieur :

1° Six jours après celui de l'absence constatée, tout sous-officier, caporal, brigadier ou soldat qui s'absente de son corps ou détachement sans autorisation. Néanmoins, si le soldat n'a pas trois mois de service, il ne peut être considéré comme déserteur qu'après un mois d'absence ;

2° Tout sous-officier, caporal, brigadier ou soldat voyageant isolément d'un corps à un autre, et dont le congé ou la permission est expiré et qui, dans les quinze jours qui suivent celui qui a été fixé pour son retour ou son arrivée au corps, ne s'y est pas présenté.

Art. 234. En cas de guerre, tous les délais fixés par les articles 231 et 233 précédents sont réduits des deux tiers.

SECTION III. — *Désertion à l'étranger.*

Art. 235. Est déclaré déserteur à l'étranger, en temps de paix, trois jours, et en temps de guerre, un jour après celui de l'absence constatée, tout militaire qui franchit sans autorisation les limites du territoire français, ou qui, hors de France, abandonne le corps auquel il appartient.

DISPOSITION GÉNÉRALE.

ARTICLE 2.

Dans les divers articles du Code de justice militaire, autres que ceux modifiés en vertu de la présente loi, le mot « division » sera remplacé par le mot « circonscription », dans tous les cas où il signifie : division militaire territoriale.

Dans les articles 152, 154, 157, 158, 182 et 214 du Code, les mots : « les communes, les départements et les places de guerre en état de siège » seront remplacés par ceux-ci : « les communes et les départements en état de siège et les places de guerre assiégées ou investies ».

DISPOSITION TRANSITOIRE.

ARTICLE 3.

Les conseils de guerre et de révision permanents, dont les sièges devraient être changés en vertu de la présente loi et par suite de la nouvelle division du territoire, continueront à fonctionner, s'il y a lieu, dans les villes où ils sont actuellement établis, jusqu'à ce que des mesures aient été prises afin de pourvoir à leur nouvelle installation.

DÉCRET DU 18 JUILLET 1875.

Portant abrogation en ce qui concerne les vétérinaires militaires, du décret du 18 juillet 1857, relatif à la composition des tribunaux militaires.

Vu l'article 13 du Code de justice militaire ;

Vu le décret du 18 juillet 1857, qui détermine la composition des conseils de guerre pour les assimilés aux militaires ;

Vu le décret du 30 avril 1875, relatif à l'organisation du corps des vétérinaires militaires ;

Attendu que d'après l'article 4 de ce dernier décret, les vétérinaires doivent prendre rang, en ce qui concerne la prérogative, savoir :

Le vétérinaire principal de 1re classe, après le lieutenant-colonel ;

Le vétérinaire principal de 2e classe, après le chef d'escadron ;

Le vétérinaire en 1er après le capitaine ;

Le vétérinaire en 2e après le lieutenant ;

L'aide vétérinaire après le sous-lieutenant ;

Attendu qu'aux termes du dernier paragraphe dudit article, la composition des conseils d'enquête appelés à juger les vétérinaires militaires sera la même que pour les grades militaires après lesquels ils prennent rang.

Considérant qu'au point de vue de l'action judiciaire, il y a lieu de faire correspondre la position nouvelle des vétérinaires militaires à celle des grades après lesquels ils prennent rang ;

Sur le rapport du Ministre de la guerre ;

Décrète.

Art. 1er. Les prescriptions du décret du 18 juillet 1857, indiquant la composition des tribunaux militaires, sont abrogés en ce qui concerne les vétérinaires, et pour les conseils de guerre appelés à les juger on se conformera, à l'avenir, aux indications portées au tableau qui fait suite à l'article 10 du Code de justice militaire modifié par la loi du 18 mai 1875.

CODE D'INSTRCTION CRIMINELLE (1)

Texte des articles modifiés par les lois des 14 juillet 1865 —
27 juin 1866 — 5 juillet 1868.

Art. 5. Tout Français qui, hors du territoire de la France, s'est rendu coupable d'un crime puni par la loi française, peut être poursuivi et jugé en France.

Tout Français qui, hors du territoire de France s'est rendu coupable d'un fait qualifié délit par la loi française, peut être poursuivi et jugé en France, si le fait est puni par la législation du pays où il a été commis.

Toutefois, qu'il s'agisse d'un crime ou d'un délit, aucune poursuite n'a lieu si l'inculpé prouve qu'il a été jugé définitivement à l'étranger.

En cas de délit commis contre un particulier français ou étranger, la poursuite ne peut être intentée qu'à la requête du ministère public ; elle doit être précédée d'une plainte de la partie offensée ou d'une dénonciation officielle à l'autorité française par l'autorité du pays où le délit a été commis.

Aucune poursuite n'a lieu avant le retour de l'inculpé en France, si ce n'est pour les crimes énoncés en l'article 7 ci-après.

Art. 6. La poursuite est intentée à la requête du ministère public du lieu où réside le prévenu ou du lieu où il peut être trouvé.

Néanmoins, la Cour de cassation peut, sur la demande du ministère public ou des parties, renvoyer la connaissance de l'affaire devant une Cour ou un tribunal plus voisin du lieu du crime ou du délit.

Art. 7. Tout étranger qui, hors du territoire de la France, se sera rendu coupable, soit comme auteur, soit comme complice d'un crime attentatoire à la sûreté de l'État, ou de contrefaçon du sceau

(1) P. 681.

de l'État, de monnaies nationales ayant cours, de papiers natio-
naux, de billets de banque autorisés par la loi, pourra être poursuivi et jugé d'après les dispositions des lois françaises, s'il est
arrêté en France ou si le Gouvernement obtient son extradition.

Art. 91. En matière criminelle ou correctionnelle, le juge
d'instruction pourra ne décerner qu'un mandat de comparution
sauf à convertir ce mandat, après l'interrogatoire, en tel autre
mandat qu'il appartiendra. — Si l'inculpé fait défaut, le juge d'instruction décernera contre lui un mandat d'amener.

Art. 94. Après l'interrogatoire, ou en cas de fuite de l'inculpé,
le juge pourra décerner un mandat de dépôt ou d'arrêt, si le fait
emporte la peine de l'emprisonnement ou une autre peine plus
grave. — Il ne pourra décerner le mandat d'arrêt qu'après avoir
entendu le procureur de la République. — Dans le cours de l'instruction, il pourra, sur les conclusions conformes du procureur
de la République, et quelle que soit la nature de l'inculpation,
donner main levée de tout mandat de dépôt ou d'arrêt, à la charge
par l'inculpé de se représenter à tous les actes de la procédure et
pour l'exécution du jugement aussitôt qu'il en sera requis. L'ordonnance de main-levée ne pourra être attaquée par voie d'opposition.

Art. 113. En toute matière, le juge d'instruction pourra, sur la
demande de l'inculpé et sur les conclusions du procureur de la
République, ordonner que l'inculpé sera mis provisoirement en
liberté, à charge, par celui-ci, de prendre l'engagement de se représenter à tous les actes de la procédure et pour l'exécution du
jugement, aussitôt qu'il en sera requis. — En matière correctionnelle, la mise en liberté sera de droit, cinq jours après l'interrogatoire, en faveur du prévenu domicilié, quand le maximum de la
peine prononcée par la loi sera inférieur à deux ans d'emprisonnement. — La disposition qui précède ne s'appliquera ni aux prévenus déjà condamnés pour crime, ni à ceux déjà condamnés à
un emprisonnement de plus d'une année.

Art. 114. La mise en liberté provisoire pourra, dans tous les cas
où elle n'est pas de droit, être subordonnée à l'obligation de fournir un cautionnement dans les termes prévus par l'article 120. —
Ce cautionnement garantit : — 1° La représentation de l'inculpé à
tousles actes de la procédure et pour l'exécution du jugement ; —
2° le payement dans l'ordre suivant : — 1° des frais faits par la
partie publique ; — 2° de ceux avancés par la partie civile ; —

3° des amendes. — L'ordonnance de mise en liberté détermine la somme affectée à chacune des deux parties du cautionnement.

Art. 115. La mise en liberté aura lieu sans préjudice du droit que conserve le juge d'instruction, dans la suite de l'information, de décerner un nouveau mandat d'amener, d'arrêt ou de dépôt, si des circonstances nouvelles et graves rendent cette mesure nécessaire. — Toutefois, si la liberté provisoire avait été accordée par la chambre des mises en accusation réformant l'ordonnance du juge d'instruction, le juge d'instruction ne pourrait décerner un nouveau mandat qu'autant que la Cour, sur les réquisitions du ministère public, aurait retiré à l'inculpé le bénéfice de la décision.

Art. 116. La mise en liberté provisoire peut être demandée en tout état de cause : à la chambre des mises en accusation, depuis l'ordonnance du juge d'instruction jusqu'à l'arrêt de renvoi devant la Cour d'assises ; au tribunal correctionnel, si l'affaire y a été renvoyée ; à la Cour nationale (chambre des appels correctionnels), si appel a été interjeté du jugement sur le fond. — Lorsque le condamné, pour rendre son pourvoi admissible, conformément à l'article 421, voudra réclamer sa mise en liberté, il portera sa demande devant la Cour ou devant le tribunal qui aura prononcé la peine.

Art. 117. Dans tous les cas prévus par l'article précédent, il sera statué sur simple requête, en chambre du conseil, le ministere public entendu. — L'inculpé pourra fournir à l'appui de sa requête des observations écrites.

Art. 118. La demande en liberté provisoire sera notifiée à la partie civile, à son domicile ou à celui qu'elle aura élu. Elle pourra, dans le délai de vingt-quatre heures, à partir du jour de la notification, présenter des observations écrites.

Art. 119. L'opposition ou appel devra être formé dans un délai de vingt-quatre heures, qui courra, contre le procureur de la République, à compter du jour de l'ordonnance ou du jugement et contre l'inculpé ou la partie civile, à compter du jour de la notification. — L'opposition ou appel sera consigné sur un registre tenu au greffe à cet effet. — Le procureur général aura le droit d'opposition dans les formes et les délais prescrits par les trois derniers paragraphes de l'article 135.

Art. 120. Dans le cas ou la liberté provisoire aura été subordonnée au cautionnement il sera fourni en espèces, soit par un tiers, soit par l'inculpé, et le montant en sera, suivant la nature de l'affaire, déterminé par le juge d'instruction, le tribunal ou la cour. — Toute tierce personne solvable pourra également être admise à prendre l'engagement de faire représenter l'inculpé à toute réquisition de justice, ou, à défaut, de verser au trésor la somme déterminée.

Art. 121. Si le cautionnement consiste en espèces, il sera versé entre les mains du receveur de l'enregistrement, et le ministère public, sur le vu du récépissé, fera exécuter l'ordonnance de mise en liberté. — S'il résulte de l'engagement d'un tiers, la mise en liberté sera ordonnée sur le vu de l'acte de soumission reçu au greffe. — Préalablement à la mise en liberté avec ou sans cautionnement, le demandeur devra, par acte reçu au greffe, élire domicile, s'il est inculpé, dans le lieu où siége le juge d'instruction ; s'il est prévenu ou accusé, dans celui où siége la juridiction saisie du fond de l'affaire.

Art. 122. Les obligations résultant du cautionnement cessent si l'inculpé se présente à tous les actes de la procédure et pour l'exécution du jugement. — La première partie du cautionnement est acquise à l'État du moment que l'inculpé, sans motif légitime d'excuse, est constitué en défaut de se présenter à quelque acte de la procédure ou pour l'exécution du jugement. — Néanmoins, en cas de renvoi des poursuites, d'absolution ou d'acquittement, le jugement ou l'arrêt pourra ordonner la restitution de cette partie du cautionnement.

Art. 123. La seconde partie du cautionnement est toujours restituée en cas d'acquittement, d'absolution ou de renvoi des poursuites. — En cas de condamnation elle est affectée aux frais et à l'amende dans l'ordre énoncé dans l'article 114 : le surplus, s'il y en a, est restitué.

Art. 124. Le ministère public, soit d'office, soit sur la provocation de la partie civile, est chargé de produire à l'administration de l'enregistrement, soit un certificat de greffe constatant, d'après les pièces officielles, la responsabilité encourue dans le cas de l'article 122, soit l'extrait du jugement dans le cas prévu par l'article 123, paragraphe 2. — Si les sommes dues ne sont pas déposées, l'administration de l'enregistrement en poursuit le recouvrement par voie de contrainte. — La caisse des dépôts et consignations est chargée de faire, sans délai, aux ayants droit, la distribution des sommes déposées ou recouvrées. — Toute contestation sur ces divers points est vidée sur requête en chambre de conseil, comme incident de l'exécution du jugement.

Art. 125. Si après avoir obtenu sa liberté provisoire, l'inculpé cité ou ajourné ne comparaît pas, le juge d'instruction, le tribunal ou la Cour, selon les cas, pourront décerner contre lui un mandat d'arrêt ou de dépôt, ou une ordonnance de prise de corps.

Art. 126. L'inculpé renvoyé devant la Cour d'assises sera mis en état d'arrestation, en vertu de l'ordonnance de prise de corps contenue dans l'arrêt de la chambre des mises en accusation, nonobstant la mise en liberté provisoire.

Art. 187. La condamnation par défaut sera comme non avenue si, dans les cinq jours de la signification qui en aura été faite au prévenu ou à son domicile, outre un jour par 5 myriamètres, celui-ci forme opposition à l'exécution du jugement et notifie son opposition tant au ministère public qu'à la partie civile.

Les frais de l'expédition, de la signification du jugement par défaut et de l'opposition pourront être laissés à la charge du prévenu.

Toutefois, si la signification n'a pas été faite à personne, ou s'il ne résulte pas d'actes d'exécution du jugement que le prévenu en a eu connaissance, l'opposition sera recevable jusqu'à l'expiration des délais de la prescription de la peine.

Art. 206. En cas d'acquittement, le prévenu sera immédiatement, et nonobstant appel, mis en liberté

Art. 443. La révision pourra être demandée en matière criminelle ou correctionnelle, quelle que soit la juridiction qui ait statué, dans chacun des cas suivants :

1° Lorsque, après une condamnation pour homicide, des pièces seront représentées propres à faire naître de suffisants indices sur l'existence de la prétendue victime de l'homicide ;

2° Lorsque, après une condamnation pour crime ou délit, un nouvel arrêt ou jugement aura condamné, pour le même fait, un autre accusé ou prévenu, et que les deux condamnations ne pouvant se concilier, leur contradiction sera la preuve de l'innocence de l'un ou de l'autre condamné ;

3° Lorsqu'un des témoins entendus aura été, postérieurement à la condamnation, poursuivi et condamné pour faux témoignage contre l'accusé ou le prévenu.

Le témoin ainsi condamné ne pourra pas être entendu dans les nouveaux débats.

Art. 444. Le droit de demander la révision appartiendra :

1° Au ministre de la Justice ;

2° Au condamné ;

3° Après la mort du condamné, à son conjoint, à ses enfants, à ses parents, à ses légataires universels ou à titre universel, à ceux qui en ont reçu de lui la mission expresse.

En matière correctionnelle, la révision ne pourra avoir lieu que pour une condamnation à l'emprisonnement ou pour une condamnation prononçant ou emportant l'interdiction, soit totale, soit partielle, de l'exercice des droits civiques, civils et de famille.

La Cour de cassation, section criminelle, sera saisie par son procureur général, en vertu de l'ordre exprès que le ministre de la Justice aura donné soit d'office, soit sur la réclamation des parties invoquant un des cas ci-dessus spécifiés.

La demande de celles-ci sera non-recevable pour les cas déterminés aux nᵒˢ 2 et 3 de l'article précédent, si elle n'a pas été inscrite au ministère de la Justice dans le délai de deux ans, à partir de la seconde des condamnations inconciliables ou de la condamnation du faux témoin.

Dans tous les cas, l'exécution des arrêts ou jugements dont la révision est demandée sera de plein droit suspendue sur l'ordre du ministre de la Justice, jusqu'à ce que la Cour de cassation ait prononcé, et ensuite, s'il y a lieu, par l'arrêt de cette Cour statuant sur la recevabilité.

Art. 445. En cas de recevabilité, si l'affaire n'est pas en état, la Cour procédera directement ou par commission rogatoire à toutes enquêtes sur le fond, confrontations, reconnaissances d'identité, interrogatoires et moyens propres à mettre la vérité en évidence.

Lorsque l'affaire sera en état, si la Cour reconnaît qu'il peut être procédé à de nouveaux débats contradictoires, elle annulera les jugements ou arrêts et tous actes qui feraient obstacle à la révision ; elle fixera les questions qui devront être posées et renverra les accusés ou prévenus, selon les cas, devant une Cour ou un tribunal autres que ceux qui auraient primitivement connu de l'affaire.

Dans les affaires qui devront être soumises au jury, le procureur général près la Cour de renvoi dressera un nouvel acte d'accusation.

Art. 446. Lorsqu'il ne pourra être procédé de nouveau à des débats oraux entre toutes les parties, notamment en cas de décès, de contumace, ou de défaut d'un ou de plusieurs condamnés, en cas de prescription de l'action ou de celle de la peine, la Cour de cassation, après avoir constaté expressément cette impossibilité, statuera au fond, sans cassation préalable ni renvoi, en présence des parties civiles, s'il y en a au procès, et des curateurs nommés par elle à la mémoire de chacun des morts.

Dans ce cas, elle annulera seulement celle des condamnations qui avait été injustement portée, et déchargera, s'il y a lieu, la mémoire des morts.

Art. 447. Lorsqu'il s'agira du cas de révision exprimé au nº 1er de l'article 443, si l'annulation de l'arrêt à l'égard d'un condamné vivant ne laisse rien subsister qui puisse être qualifié crime ou délit, aucun renvoi ne sera prononcé.

Art. 613. Le préfet de police à Paris, le préfet dans les villes où il remplit les fonctions de préfet de police, et le maire dans les autres villes ou communes, veilleront à ce que la nourriture des prisonniers soit suffisante et saine ; la police de ces maisons leur appartiendra. — Le juge d'instruction et le Président des assises pourront, néanmoins, donner respectivement tous les ordres qui devront être exécutés dans les maisons d'arrêt et de justice, et qu'ils croiront nécessaires, soit pour l'instruction, soit pour le jugement. — Lorsque le juge d'instruction croira devoir prescrire, à l'égard d'un inculpé, une interdiction de communiquer, il ne pourra le faire que par une ordonnance qui sera transcrite sur le registre de la prison. Cette interdiction ne pourra s'étendre au delà de dix jours ; elle pourra toutefois être renouvelée. Il en sera rendu compte au procureur général.

CODE PÉNAL (1)

Texte des articles modifiés par les lois du 28 mai 1858 — 13 mai 1863 — 25 mai 1864.

Art. 57. Quiconque, ayant été condamné pour crime à une peine supérieure à une année d'emprisonnement, aura commis un délit ou un crime qui devra n'être puni que de peines correctionnelles, sera condamné au maximum de la peine portée par la loi, et cette peine pourra être élevée jusqu'au double.

Le condamné sera de plus mis sous la surveillance spéciale de la haute police pendant cinq ans au moins et dix ans au plus.

---

(1) P. 823.

Art. 58. Les coupables, condamnés correctionnellement à un emprisonnement de plus d'une année, seront aussi, en cas de nouveau délit ou de crime qui devra n'être puni que de peines correctionnelles, condamnés au maximum de la peine portée par la loi, et cette peine pourra être élevée jusqu'au double : ils seront de plus mis sous la surveillance spéciale du Gouvernement pendant au moins cinq années, et dix ans au plus.

Art. 132. Quiconque aura contrefait ou altéré les monnaies d'or ou d'argent ayant cours légal en France, ou participé à l'émission ou exposition desdites monnaies contrefaites ou altérées, ou à leur introduction sur le territoire français, sera puni des travaux forcés à perpétuité.

Celui qui aura contrefait ou altéré des monnaies de billon ou de cuivre ayant cours légal en France, ou participé à l'émission ou exposition de sdites monnaies contrefaites ou altérées, ou à leur introduction sur le territoire français, sera puni des travaux forcés à temps.

Art. 133. Tout individu qui aura, en France, contrefait ou altéré des monnaies étrangères, ou participé à l'émission, exposition ou introduction en France de monnaies étrangères contrefaites ou altérées, sera puni des travaux forcés à temps.

Art. 134. Sera puni d'un emprisonnement de six mois à trois ans, quiconque aura coloré les monnaies ayant cours légal en France ou les monnaies étrangères dans le but de tromper sur la nature du métal, ou les aura émises ou introduites sur le territoire français.

Seront punis de la même peine ceux qui auront participé à l'émission ou à l'introduction des monnaies ainsi colorées.

Art. 135. La participation énoncée aux précédents articles ne s'applique point à ceux qui, ayant reçu pour bonnes des pièces de monnaie contrefaites, altérées ou colorées, les ont remises en circulation.

Toutefois, celui qui aura fait usage desdites pièces, après en avoir vérifié ou fait vérifier les vices, sera puni d'une amende triple au moins et sextuple au plus de la somme représentée par les pièces qu'il aura rendues à la circulation, sans que cette amende puisse, en aucun cas, être inférieure à seize francs.

Art. 136, 137. — *Abrogés.*

Art. 138. Les personnes coupables des crimes mentionnés en l'article 132 seront exemptes de peines, si avant la consommation de ces crimes et avant toutes poursuites, elles en ont donné connaissance et révélé les auteurs aux autorités constituées, ou si, même, après les poursuites commencées, elles ont procuré l'arrestation des autres coupables.

Elles pourront néanmoins être mises, pour la vie ou à temps, sous la surveillance spéciale de la haute police.

Art. 142. Ceux qui auront contrefait les marques destinées à être apposées, au nom du Gouvernement, sur les diverses espèces de denrées ou de marchandises, ou qui auront fait usage de ces fausses marques ; ceux qui auront contrefait le sceau, timbre ou marque d'une autorité quelconque, ou qui auront fait usage des sceaux, timbres ou marques contrefaits ; ceux qui auront contrefait les timbres-poste ou fait usage sciemment de timbres-poste contrefaits, seront punis d'un emprisonnement de deux ans au moins et de cinq ans au plus. — Les coupables pourront, en outre, être privés des droits mentionnés en l'article 42 du présent Code pendant cinq ans au moins et dix ans au plus, à compter du jour où ils auront subi leur peine. — Ils pourront aussi être mis, par l'arrêt où le jugement, sous la surveillance de la haute police pendant le même nombre d'années. — Les dispositions qui précèdent seront applicables aux tentatives de ces mêmes délits.

Art. 143. Quiconque s'étant indûment procuré les vrais sceaux, timbres ou marques ayant l'une des destinations exprimées en l'article 142, en aura fait ou tenté de faire une application ou un usage préjudiciable aux droits ou intérêts de l'État, ou d'une autorité quelconque, sera puni d'un emprisonnement de six mois à trois ans. — Les coupables pourront, en outre, être privés des droits mentionnés en l'article 42 du présent Code, pendant cinq ans au moins et dix ans au plus, à compter du jour où ils auront subi leur peine. — Ils pourront aussi être mis, par l'arrêt ou le jugement, sous la surveillance de la haute police pendant le même nombre d'années.

Art. 149. Sont exceptés des dispositions ci-dessus les faux commis dans les passe-ports, feuilles de route et permis de chasse, sur lesquels il sera particulièrement statué ci-après.

Art. 153. Quiconque fabriquera un faux passe-port ou un faux permis de chasse, ou falsifiera un passe-port ou un permis de chasse originairement véritable, ou fera usage d'un passe-port ou d'un permis de chasse fabriqué ou falsifié, sera puni d'un emprisonnement de six mois au moins, et de trois ans au plus.

Art. 154. Quiconque prendra, dans un passe-port ou dans un permis de chasse, un nom supposé, ou aura concouru comme témoin à faire délivrer le passe-port sous le nom supposé, sera puni d'un emprisonnement de trois mois à un an.

La même peine sera applicable à tout individu qui aura fait usage d'un passe-port ou d'un permis de chasse délivré sous un autre nom que le sien.

Les logeurs et aubergistes qui, sciemment inscriront sur leurs registres, sous des noms faux ou supposés, les personnes logées chez eux, ou qui de connivence avec elles, auront omis de les inscrire, seront punis d'un emprisonnement de six jours au moins et de trois mois au plus.

Art. 155. Les officiers publics qui délivreront ou feront délivrer un passe-port à une personne qu'ils ne connaîtront pas personnellement, sans avoir fait attester ses noms et qualités par deux citoyens à eux connus, seront punis d'un emprisonnement d'un mois à six mois.

Si l'officier public, instruit de la supposition du nom, a néanmoins délivré ou fait délivrer le passe-port sous le nom supposé, il sera puni d'un emprisonnement d'une année au moins et de quatre ans au plus.

Le coupable pourra, en outre, être privé des droits mentionnés en l'article 42 du présent Code pendant cinq ans au moins et dix ans au plus, à compter du jour où il aura subi sa peine.

Art. 156. Quiconque fabriquera une fausse feuille de route, ou falsifiera une feuille de route originairement véritable ou fera usage d'une feuille de route fabriquée ou falsifiée, sera puni, savoir :

D'un emprisonnement de six mois au moins et de trois ans au plus, si la fausse feuille de route n'a eu pour objet que de tromper la surveillance de l'autorité publique ;

D'un emprisonnement d'une année au moins, et de quatre ans au plus, si le Trésor public a payé au porteur de la fausse feuille des frais de route qui ne lui étaient pas dus ou qui excédaient ceux auxquels il pouvait avoir droit, le tout néanmoins au-dessous de 100 francs ;

Et d'un emprisonnement de deux ans au moins, et de cinq ans au plus, si les sommes indûment perçues par le porteur de la feuille s'élèvent à 100 francs et au delà.

Dans ces deux derniers cas, les coupables pourront, en outre, être privés des droits mentionnés en l'article 42 du présent Code pendant cinq ans au moins, et dix ans au plus, à compter du jour où ils auront subi leur peine.

Ils pourront aussi être mis, par l'arrêt ou le jugement, sous la surveillance de la haute police pendant le même nombre d'années.

Art. 157. Les peines portées en l'article précédent seront appliquées, selon les distinctions qui y sont établies, à toute personne qui se sera fait délivrer par l'officier public une feuille de route sous un nom supposé ou qui aura fait usage d'une feuille de route délivrée sous un autre nom que le sien.

Art. 158. Si l'officier public était instruit de la supposition de nom lorsqu'il a délivré la feuille de route, il sera puni, savoir :

Dans le premier cas posé par l'article 156, d'un emprisonnement d'une année au moins et de quatre ans au plus ;

Dans le second cas du même article, d'un emprisonnement de deux ans au moins et de cinq ans au plus ;

Dans le troisième cas, de la réclusion ;

Dans les deux premiers cas, il pourra, en outre, être privé des droits mentionnés en l'article 42 du présent Code pendant cinq ans au moins, et dix ans au plus, à compter du jour où il aura subi sa peine.

Art. 159. Toute personne qui, pour se rédimer elle-même ou affranchir une autre d'un service public quelconque, fabriquera sous le nom d'un médecin, chirurgien ou autre officier de santé, un certificat de maladie ou d'infirmité, sera punie d'un emprisonnement d'une année au moins et de trois au plus.

Art. 160. Tout médecin, chirurgien ou autre officier de santé qui, pour favoriser quelqu'un, certifiera faussement des maladies ou infirmités propres à dispenser d'un service public, sera puni d'un emprisonnement d'une année au moins et de trois ans au plus.

S'il y a été mû par dons ou promesses, la peine de l'emprisonnement sera d'une année au moins, et de quatre ans au plus.

Dans les deux cas, le coupable pourra, en outre, être privé des droits mentionnés en l'article 42 du présent Code pendant cinq ans au moins, et dix ans au plus, à compter du jour où il aura subi sa peine.

Dans le deuxième cas, les corrupteurs seront punis des mêmes peines que le médecin, chirurgien ou officier de santé qui aura délivré le faux certificat.

Art. 161. Quiconque fabriquera, sous le nom d'un fonctionnaire ou officier public, un certificat de bonne conduite, indigence ou autres circonstances propres à appeler la bienveillance du Gouvernement ou des particuliers sur la personne y désignée, et à lui procurer places, crédit ou secours, sera puni d'un emprisonnement de six mois à deux ans.

La même peine sera appliquée : 1° à celui qui falsifiera un certificat de cette espèce, originairement véritable pour l'approprier à une personne autre que celle à laquelle il a été primitivement délivré; 2° à tout individu qui se sera servi du certificat ainsi fabriqué ou falsifié.

Si ce certificat est fabriqué sous le nom d'un simple particulier, la fabrication et l'usage seront punis de quinze jours à six mois d'emprisonnement.

Art. 164. Il sera prononcé contre les coupables une amende dont le minimum sera de 100 francs et le maximum de 3000 francs; l'amende pourra cependant être portée jusqu'au quart du bénéfice illégitime que le faux aura procuré ou était destiné à procurer aux auteurs du crime ou du délit, à leurs complices ou à ceux qui ont fait usage de la pièce fausse.

Art. 174. Tous fonctionnaires, tous officiers publics, leurs commis ou préposés, tous percepteurs des droits, taxes, contributions, deniers, revenus publics ou communaux, et leurs commis ou préposés, qui se seront rendus coupables du crime de concussion, en ordonnant de percevoir ou en exigeant ou en recevant ce qu'ils savaient n'être pas dû ou excéder ce qui était dû pour droits, taxes, contributions, deniers ou revenus, ou pour salaires ou traitements, seront punis, savoir : les fonctionnaires ou officiers publics, de la peine de la réclusion, et leurs commis ou préposés d'un emprisonnement de deux ans au moins, et de cinq ans au plus, lorsque la totalité des sommes indûment exigées ou reçues, ou dont la perception a été ordonnée, a été supérieure à 300 francs.

Toutes les fois que la totalité de ces sommes n'excédera pas 300 francs, les fonctionnaires ou officiers publics ci-dessus désignés seront punis d'un emprisonnement de deux à cinq ans, et leurs commis ou préposés d'un emprisonnement d'une année au moins, et de quatre ans au plus.

La tentative de ce délit sera punie comme le délit lui-même.

Dans tous les cas où la peine d'emprisonnement sera prononcée, les coupables pourront, en outre, être privés des droits mentionnés en l'article 42 du présent Code pendant cinq ans au moins, et dix ans au plus, à compter du jour où ils auront subi leur peine, ils pourront aussi être mis, par l'arrêt ou le jugement, sous la surveillance de la haute police pendant le même nombre d'années.

Dans tous les cas prévus par le présent article, les coupables seront condamnés à une amende dont le *maximum* sera le quart des restitutions et des dommages-intérêts, et le *minimum* le douzième.

Les dispositions du présent article sont applicables aux greffiers et officiers ministériels, lorsque le fait a été commis à l'occasion des recettes dont ils sont chargés par la loi.

Art. 177. Tout fonctionnaire public de l'ordre administratif ou judiciaire, tout agent ou préposé d'une administration publique, qui aura agréé des offres ou promesses, ou reçu des dons ou présents, pour faire un acte de sa fonction ou de son emploi, même juste, mais non sujet à salaire, sera puni de la dégradation civique, et condamné à une amende double de la valeur des promesses agréées ou des choses reçues, sans que ladite amende puisse être inférieure à 200 francs. — La présente disposition est applicable à tout fonctionnaire, agent ou préposé de la qualité ci-dessus exprimée, qui, par offres ou promesses agréées, dons ou présents reçus, se sera abstenu de faire un acte qui entrait dans l'ordre de ses devoirs. — Sera puni de la même peine tout arbitre ou expert nommé soit par le tribunal, soit par les parties, qui aura agréé des offres ou promesses, ou reçu des dons ou présens, pour rendre une décision ou donner une opinion favorable à l'une des parties.

Art. 179. Quiconque aura contraint ou tenté de contraindre par voies de fait ou menaces, corrompu ou tenté de corrompre par promesses, offres, dons ou présents, l'une des personnes de la qualité exprimée en l'article 177, pour obtenir soit une opinion favorable, soit des procès-verbaux, états, certificats ou estimations contraires à la vérité, soit des places, emplois, adjudications, entreprises ou autres bénéfices quelconques, soit tout autre acte du ministère du fonctionnaire, agent ou préposé, soit enfin l'abstention d'un acte qui rentrait dans l'exercice de ses devoirs, sera puni des mêmes peines que la personne corrompue.

Toutefois, si les tentatives de contrainte ou corruption n'ont eu aucun effet, les auteurs de ces tentatives seront simplement punis d'un emprisonnement de trois mois au moins et de six mois au plus, et d'une amende de 100 francs à 300 francs.

Art. 222. Lorsqu'un ou plusieurs magistrats de l'ordre administratif ou judiciaire, lorsqu'un ou plusieurs jurés auront reçu, dans l'exercice de leurs fonctions, ou à l'occasion de cet exercice, quelque outrage par paroles, par écrit ou dessin non rendus publics, tendant, dans ces divers cas, à inculper leur honneur ou leur délicatesse, celui qui leur aura adressé cet outrage sera puni d'un emprisonnement de quinze jours à deux ans.

Si l'outrage par paroles a eu lieu à l'audience d'une Cour ou d'un tribunal, l'emprisonnement sera de deux à cinq ans.

Art. 223. L'outrage fait par gestes ou menaces à un magistrat ou à un juré, dans l'exercice, ou à l'occasion de l'exercice de ses fonctions, sera puni d'un mois à six mois d'emprisonnement ; et, si l'outrage a eu lieu à l'audience d'une Cour ou d'un tribunal, d'un mois à deux ans.

Art. 224. L'outrage fait par paroles, gestes ou menaces à tout officier ministériel ou agent dépositaire de la force publique, et à tout citoyen chargé d'un ministère de service public, dans l'exercice ou à l'occasion de l'exercice de ses fonctions, sera puni d'un emprisonnement de six jours à un mois et d'une amende de 16 francs à 200 francs, ou de l'une de ces deux peines seulement.

Art. 225. L'outrage mentionné en l'article précédent, lorsqu'il aura été dirigé contre un commandant de la force publique, sera puni d'un emprisonnement de quinze jours à trois mois, et pourra l'être aussi d'une amende de 16 francs à 500 francs.

Art. 228. Tout individu qui, même sans armes et sans qu'il en soit résulté de blessures, aura frappé un magistrat dans l'exercice de ses fonctions, ou à l'occasion de cet exercice, ou commis toute autre violence ou voie de fait envers lui dans les mêmes circonstances, sera puni d'un emprisonnement de deux à cinq ans.

Le maximum de cette peine sera toujours prononcé si la voie de fait a eu lieu à l'audience d'une Cour ou d'un tribunal.

Le coupable pourra, en outre, dans les deux cas, être privé des droits mentionnés en l'article 42 du présent Code pendant cinq ans au moins et dix ans au plus, à compter du jour où il aura subi sa peine, et être placé sous la surveillance de la haute police pendant le même nombre d'années.

Art. 230. Les violences ou voies de fait de l'espèce exprimée en l'article 228, dirigées contre un officier ministériel, un agent de la force publique, ou un citoyen chargé d'un ministère de service public, si elles ont eu lieu pendant qu'ils exerçaient leur ministère ou à cette occasion, seront punies d'un emprisonnement d'un mois au moins, et de trois ans au plus, et d'une amende de 16 francs à 500 francs.

Art. 238. Si l'évadé était prévenu de délits de police ou de crimes simplement infamants, ou condamné pour l'un de ces crimes, s'il était prisonnier de guerre, les préposés à sa garde ou conduite seront punis, en cas de négligence, d'un emprisonnement de six jours à deux mois ; et, en cas de connivence, d'un emprisonnement de six mois à deux ans.

Ceux qui, n'étant pas chargés de la garde ou de la conduite du détenu, auront procuré ou facilité son évasion seront punis de six jours à trois mois d'emprisonnement.

Art. 241. Si l'évasion a eu lieu ou a été tentée avec violence ou bris de prison, les peines contre ceux qui l'auront favorisée en fournissant des instruments propres à l'opérer seront :

Si le détenu qui s'est évadé se trouve dans le cas prévu par l'article 238, trois mois à deux ans d'emprisonnement ; au cas de l'article 239, un an à quatre ans d'emprisonnement ; et, au cas de l'article 240, deux ans à cinq ans de la même peine et une amende de 50 francs à 2000 francs.

Dans ce dernier cas, les coupables pourront, en outre, être privés des droits mentionnés en l'article 42 du présent Code pendant cinq ans au moins et dix ans au plus, à compter du jour où ils auront subi leur peine.

Art. 251. Quiconque aura, à dessein, brisé ou tenté de briser des scellés apposés sur des papiers ou effets de la qualité énoncée en l'article précédent, ou participé au bris des scellés ou à la tentative de bris de scellés, sera puni d'un emprisonnement d'un an à trois ans.

Si c'est le gardien lui-même qui a brisé les scellés ou participé au bris des scellés, il sera puni d'un emprisonnement de deux à cinq ans.

Dans l'un et l'autre cas, le coupable sera condamné à une amende de 50 francs à 2000 francs.

Il pourra, en outre, être privé des droits mentionnés en l'article 42 du présent Code pendant cinq ans au moins et dix ans au plus, à compter du jour où il aura subi sa peine ; il pourra aussi être placé, pendant le même nombre d'années, sous la surveillance de la haute police.

Art. 259. Toute personne qui aura publiquement porté un costume, un uniforme ou une décoration qui ne lui appartiendraitpas, sera punie d'un emprisonnement de six mois à deux ans.

Sera puni d'une amende de 500 francs à 10,000 francs, quiconque, sans droit et en vue de s'attribuer une distinction honorifique, aura publiquement pris un titre, changé, altéré ou modifié le nom que lui assignent les actes de l'état civil.

Le tribunal ordonnera la mention du jugement en marge des actes authentiques ou des actes de l'état civil dans lesquels le titre aura été pris indûment ou le nom altéré.

Dans tous les cas prévus par le présent article, le tribunal pourra ordonner l'insertion intégrale ou par extrait du jugement dans les journaux qu'il désignera.

Le tout aux frais du condamné.

Art. 279. Tout mendiant ou vagabond qui aura exercé ou tenté d'exercer quelque acte de violence que ce soit envers les persones sera puni d'un emprisonnement de deux à cinq ans, sans préjudice des peines plus fortes, s'il y a lieu, à raison du genre et des circonstances de la violence.

Si le mendiant ou le vagabond qui a exercé ou tenté d'exercer des violences se trouvait, en outre, dans l'une des circonstances exprimées par l'article 277, il sera puni de la réclusion.

Art. 305. Quiconque aura menacé, par écrit anonyme ou signé, d'assassinat, d'empoisonnement ou de tout autre attentat contre les personnes, qui serait punissable de la peine de mort, des travaux forcés à perpétuité ou de la déportation, sera, dans le cas où la menace aurait été faite avec ordre de déposer une somme d'argent dans un lieu indiqué, ou de remplir toute autre condition, puni d'un emprissonnement de deux ans à cinq ans et d'une amende de 150 francs à 1000 francs.

Le coupable pourra, en outre, être privé des droits mentionnés en l'article 42 du présent Code pendant cinq ans au moins et dix ans au plus, à compter du jour où il aura subi sa peine.

Le coupable pourra être mis aussi sous la surveillance de la haute police pendant cinq ans au moins et dix ans au plus, à dater du jour où il aura subi sa peine.

Art. 306. Si cette menace n'a été accompagnée d'aucun ordre ou condition, la peine sera d'un emprisonnement d'une année au moins et de trois ans au plus, et d'une amende de 100 francs à 600 francs.

Dans ce cas, comme dans celui de l'article précédent, la peine de la surveillance pourra être prononcée contre le coupable.

Art. 307. Si la menace faite avec ordre ou sous condition a été verbale, le coupable sera puni d'un emprisonnement de six mois à deux ans, et d'une amende de 25 francs à 300 francs.

Dans ce cas, comme dans celui des précédents articles, la peine de la surveillance pourra être prononcée contre le coupable.

Art. 308. Quiconque aura menacé verbalement ou par écrit de voies de fait ou violences non prévues par l'article 305, si la menace a été faite avec ordre ou sous condition, sera puni d'un emprisonnement de six jours à trois mois et d'une amende de 16 francs à 100 francs ou de l'une de ces deux peines seulement.

Art. 309. Tout individu qui, volontairement, aura fait des blessures ou porté des coups, ou commis toute autre violence ou voie de fait, s'il est résulté de ces sortes de violences une maladie ou incapacité de travail personnel pendant plus de vingt jours, sera puni d'un emprisonnement de deux ans à cinq ans et d'une amende de 16 francs à 2000 mille francs.

Il pourra, en outre, être privé des droits mentionnés en l'article 42 du présent Code pendant cinq ans au moins et dix ans au plus, à compter du jour où il aura subi sa peine.

Quand les violences ci-dessus exprimées auront été suivies de mutilation, amputation ou privation de l'usage d'un membre, cécité, perte d'un œil, ou autres infirmités permanentes, le coupable sera puni de la réclusion.

Si les coups portés ou les blessures faites volontairement, mais sans intention de donner la mort, l'ont pourtant occasionnée, le coupable sera puni de la peine des travaux forcés à temps.

Art. 310. Lorsqu'il y aura eu préméditation ou guet-apens, la peine sera, si la mort s'en est suivie, celle des travaux forcés à perpétuité; si les violences ont été suivies de mutilation, amputation ou privation de l'usage d'un membre, cécité, perte d'un œil ou autres infirmités permanentes, la peine sera celle des travaux forcés à temps; dans le cas prévu par le premier paragraphe de l'article 309, la peine sera celle de la réclusion.

Art. 311. Lorsque les blessures ou les coups, ou autres violences ou voies de fait, n'auront occasionné aucune maladie ou incapacité de travail personnel de l'espèce mentionnée en l'article 309, le coupable sera puni d'un emprisonnement de six jours à deux ans et d'une amende de 16 francs à 200 francs, ou de l'une de ces deux peines seulement. — S'il y a eu préméditation ou guet-apens, l'emprisonnement sera de deux ans à cinq ans, et l'amende de 50 francs à 500 francs.

Art. 312. L'individu qui aura volontairement fait des blessures ou porté des coups à ses père ou mère légitimes, naturels ou adoptifs, ou autres ascendants légitimes, sera puni ainsi qu'il suit : — De la réclusion, si les blessures ou les coups n'ont occasionné aucune maladie ou incapacité de travail personnel de l'espèce mentionnée en l'article 309 ; — du maximum de la réclusion, s'il y a eu incapacité de travail pendant plus de vingt jours, ou pré-méditation, ou guet-apens ; — des travaux forcés à temps, lorsque l'article auquel le cas se référera prononcera la peine de la ré-clusion ; — des travaux forcés à perpétuité, si l'article prononce la peine des travaux forcés à temps.

Art. 320. S'il n'est résulté du défaut d'adresse ou de précaution que des blessures ou coups, le coupable sera puni de six jours à deux mois d'emprisonnement et d'une amende de 16 francs à 100 francs, ou de l'une de ces peines seulement.

Art. 330. Toute personne qui aura commis un outrage public à la pudeur sera punie d'un emprisonnement de trois mois à deux ans, et d'une amende de 16 francs à 200 francs.

Art. 331. Tout attentat à la pudeur consommé ou tenté sans violence sur la personne d'un enfant de l'un ou de l'autre sexe, âgé de moins de treize ans, sera puni de la réclusion.

Sera puni de la même peine l'attentat à la pudeur commis par tout ascendant sur la personne d'un mineur, même âgé de plus de treize ans, mais non émancipé par mariage.

Art. 333. Si les coupables sont les ascendants de la personne sur laquelle a été commis l'attentat, s'ils sont de la classe de ceux qui ont autorité sur elle, s'ils sont ses instituteurs ou ses servi-teurs à gages, ou serviteurs à gages des personnes ci-dessus désignées, s'ils sont fonctionnaires ou ministres d'un culte, ou si le coupable, quel qu'il soit, a été aidé dans son crime par une ou plusieurs personnes, la peine sera celle des travaux forcés à temps, dans le cas prévu par le paragraphe 1er de l'article 331, et des tra-vaux forcés à perpétuité dans les cas prévus par l'article précédent.

Art. 345. Les coupables d'enlèvement, de recélé ou de sup-pression d'un enfant, de substitution d'un enfant à un autre, ou de supposition d'un enfant à une femme qui ne sera pas accou-chée, seront punis de la réclusion.

S'il n'est pas établi que l'enfant ait vécu, la peine sera d'un mois à cinq ans d'emprisonnement.

S'il est établi que l'enfant n'a pas vécu, la peine sera de six jours à deux mois d'emprisonnement.

Seront punis de la réclusion ceux qui, étant chargés d'un enfant, ne le représenteront point aux personnes qui ont droit de le réclamer.

Art. 361. Quiconque sera coupable de faux témoignage en matière criminelle, soit contre l'accusé, soit en sa faveur, sera puni de la peine de la réclusion.

Si néanmoins l'accusé a été condamné à une peine plus forte que celle de la réclusion, le faux témoin qui a déposé contre lui subira la même peine.

Art. 362. Quiconque sera coupable de faux témoignage en matière correctionnelle, soit contre le prévenu, soit en sa faveur, sera puni d'un emprisonnement de deux ans au moins et de cinq ans plus, et d'une amende de 50 francs à 2,000 francs.

Si néanmoins le prévenu a été condamné à plus de cinq années d'emprisonnement, le faux témoin qui a déposé contre lui subira la même peine.

Quiconque sera coupable de faux témoignage en matière de police, soit contre le prévenu, soit en sa faveur, sera puni d'un emprisonnement d'un an au moins et de trois ans au plus, et d'une amende de 16 francs à 500 francs.

Dans ces deux cas, les coupables pourront, en outre, être privés des droits mentionnés en l'article 42 du présent Code, pendant cinq ans au moins et dix ans au plus, à compter du jour où ils auront subi leur peine, et être placés sous la surveillance de la haute police pendant le même nombre d'années.

Art. 363. Le coupable de faux témoignage, en matière civile, sera puni d'un emprisonnement de deux à cinq ans, et d'une amende de 50 francs à 2,000 francs. Il pourra l'être aussi des peines accessoires mentionnées dans l'article précédent.

Art. 364. Le faux témoin, en matière criminelle, qui aura reçu de l'argent, une récompense quelconque ou des promesses, sera puni des travaux forcés à temps, sans préjudice de l'application du deuxième paragraphe de l'article 361.

Le faux témoin, en matière correctionnelle ou civile, qui aura reçu de l'argent, une récompense quelconque ou des promesses, sera puni de la réclusion.

Le faux témoin, en matière de police, qui aura reçu de l'argent, une récompense quelconque, ou des promesses, sera puni d'un emprisonnement de deux à cinq ans et d'une amende de 50 francs à 2,000 francs.

Il pourra l'être aussi des peines. accessoires mentionnées en l'article 362.

Dans tous les cas, ce que le faux témoin aura reçu sera confisqué.

Art. 366. Celui à qui le serment aura été déféré ou référé en matière civile, et qui aura fait un faux serment, sera puni d'un emprisonnement d'une année au moins et de cinq ans au plus, et d'une amende de 100 francs à 3,000 francs.

Il pourra, en outre, être privé des droits mentionnés en l'article 42 du présent Code, pendant cinq ans au moins et dix ans au plus, à compter du jour où il aura subi sa peine, et être placé sous la surveillance de la haute police pendant le même nombre d'années.

Art. 382. Sera puni de la peine des travaux forcés à temps tout individu coupable de vol commis à l'aide de violence. Si la violence à l'aide de laquelle le vol a été commis a laissé des traces de blessures ou de contusions, cette circonstance suffira pour que la peine des travaux forcés à perpétuité soit prononcée.

Art. 385. Sera également puni de la peine des travaux forcés à temps tout individu coupable de vol commis avec deux des trois circonstances suivantes :

1° Si le vol a été commis la nuit ;

2° S'il a été commis dans une maison habitée, ou dans un des édifices consacrés aux cultes légalement établis en France ;

3° S'il a été commis par deux ou plusieurs personnes ;

Et si, en outre, le coupable, ou l'un des coupables, était porteur d'armes apparentes ou cachées.

Art. 387. Des voituriers, bateliers ou leurs préposés qui auront altéré ou tenté d'altérer des vins ou toute autre espèce de liquides ou marchandises dont le transport leur avait été confié, et qui auront commis ou tenté de commettre cette altération par le mélange de substances malfaisantes, seront punis d'un emprisonnement de deux à cinq ans et d'une amende de 25 francs à 500 francs.

Ils pourront, en outre, être privés des droits mentionnés en l'article 42 du présent Code pendant cinq ans au moins et dix ans au plus ; ils pourront aussi être mis, par l'arrêt ou le jugement, sous la surveillance de la haute police pendant le même nombre d'années.

S'il n'y a pas eu mélange de substances malfaisantes, la peine sera un emprisonnement d'un mois à un an, et une amende de 16 francs à 100 francs.

Art. 389. Tout individu qui, pour commettre un vol, aura enlevé ou tenté d'enlever des bornes servant de séparation aux propriétés, sera puni d'un emprisonnement de deux ans à cinq ans et d'une amende de 16 francs à 500 francs.

Le coupable pourra, en outre, être privé des droits mentionnés en l'article 42 pendant cinq ans au moins et dix ans au plus à compter du jour où il aura fini sa peine, et être mis, par l'arrêt ou le jugement, sous la surveillance de la haute police pendant le même nombre d'années.

Art. 399. Quiconque aura contrefait ou altéré des clefs sera condamné à un emprisonnement de trois mois à deux ans et à une amende de 25 francs à 150 francs.—Si le coupable est un serrurier de profession, il sera puni d'un emprisonnement de deux à cinq ans et d'une amende de 50 francs à 500 francs.—Il pourra, en outre, être privé de tout ou partie des droits mentionnés en l'article 42 pendant cinq ans au moins et dix ans au plus, à compter du jour où il aura subi sa peine ; il pourra aussi être mis, par l'arrêt ou le jugement, sous la surveillance de la haute police pendant le même nombre d'années. — Le tout sans préjudice de plus fortes peines, s'il y échet en cas de complicité de crime.

Art. 400. Quiconque aura extorqué par force, violence ou contrainte, la signature ou la remise d'un écrit, d'un acte, d'un titre, d'une pièce quelconque contenant ou opérant obligation, disposition ou décharge, sera puni de la peine des travaux forcés à temps.

Quiconque à l'aide de la menace, écrite ou verbale, de révélation ou d'imputations diffamatoires, aura extorqué ou tenté d'extorquer, soit la remise de fonds ou valeurs, soit la signature ou remise des écrits énumérés ci-dessus, sera puni d'un emprisonnement d'un an à cinq ans, et d'une amende de 50 francs à 3000 francs.

Le saisi qui aura détruit, détourné, ou tenté de détruire ou de détourner, des objets saisis sur lui et confiés à sa garde, sera puni des peines portées en l'article 406.

Il sera puni des peines portées en l'article 401, si la garde des objets saisis et qu'il aura détruits ou détournés ou tenté de détruire ou de détourner, avait été confiée à un tiers.

Les peines de l'article 401 seront également applicables à tout débiteur, emprunteur ou tiers donneur de gage qui aura détruit, détourné ou tenté de détruire ou de détourner des objets par lui donnés à titre de gages.

Celui qui aura recélé sciemment les objets détournés, le conjoint, les ascendants et descendants du saisi, du débiteur, de l'emprunteur ou tiers donneur de gage qui l'auront aidé dans la destruction, le détournement ou dans la tentative de destruction ou de détournement de ces objets, seront punis d'une peine égale à celle qu'il aura encourue.

Art. 405. Quiconque, soit en faisant usage de faux noms ou de fausses qualités, soit en employant des manœuvres frauduleuses pour persuader l'existence de fausses entreprises, d'un pouvoir ou d'un crédit imaginaire, ou pour faire naître l'espérance ou la crainte d'un succès, d'un accident ou de tout autre événement chimérique, se sera fait remettre ou délivrer, ou aura tenté de se faire remettre ou délivrer des fonds, des meubles ou des obligations, dispositions, billets, promesses, quittances ou décharges, et aura, par un de ces moyens, escroqué ou tenté d'escroquer la totalité ou partie de la fortune d'autrui, sera puni d'un emprisonnement d'un an au moins et de cinq ans au plus, et d'une amende de 50 francs au moins et de 3000 francs au plus. — Le coupable pourra être, en outre, à compter du jour où il aura subi sa peine, interdit pendant cinq ans au moins et dix ans au plus, des droits mentionnés en l'article 42 du présent Code: le tout, sauf les peines plus graves s'il y a un crime de faux.

Art. 414. Sera puni d'un emprisonnement de six jours à trois ans et d'une amende de 16 francs à 3000 francs, ou de l'une de ces deux peines seulement, quiconque, à l'aide de violences, voies de fait, menaces ou manœuvres frauduleuses, aura amené ou maintenu, tenté d'amener ou de maintenir une cessation concertée de travail, dans le but de forcer la hausse ou la baisse des salaires ou de porter atteinte au libre exercice de l'industrie ou du travail.

Art. 415. Lorsque les faits punis par l'article précédent auront été commis par suite d'un plan concerté, les coupables pourront être mis, par l'arrêt ou le jugement, sous la surveillance de la haute police pendant deux ans au plus.

Art. 416. Seront punis d'un emprisonnement de six jours à trois mois et d'une amende de 16 francs à 300 francs, ou de l'une de ces deux peines seulement, tous ouvriers, patrons et entrepreneurs d'ouvrage, qui, à l'aide d'amendes, défenses, proscriptions, interdictions prononcées par suite d'un plan concerté, auront porté atteinte au libre exercice de l'industrie ou du travail.

Art. 418. Tout directeur, commis, ouvrier de fabrique, qui aura communiqué ou tenté de communiquer à des étrangers ou à des Français résidant en pays étrangers, des secrets de la fabrique où il est employé, sera puni d'un emprisonnement de deux ans à cinq ans et d'une amende de 500 francs à 20,000 francs.

Il pourra, en outre, être privé des droits mentionnés en l'article 42 du présent Code pendant cinq ans au moins et dix ans au plus, à compter du jour où il aura subi sa peine. Il pourra aussi être mis sous la surveillance de la haute police pendant le même nombre d'années.

Si ces secrets ont été communiqués à des Français résidant en France, la peine sera d'un emprisonnement de trois mois à deux ans et d'une amende de 16 francs à 200 francs.

Le maximum de la peine prononcée par les paragraphes 1 et 3 du présent article, sera nécessairement appliqué s'il s'agit de secrets de fabriques d'armes et munitions de guerre appartenant à l'État.

Art. 423. Quiconque aura trompé l'acheteur sur le titre des matières d'or ou d'argent, sur la qualité d'une pierre fausse vendue pour fine, sur la nature de toute marchandise ; quiconque, par usage de faux poids ou de fausses mesures, aura trompé sur la quantité des choses vendues, sera puni de l'emprisonnement pendant trois mois au moins, un an au plus, et d'une amende qui ne pourra excéder le quart des restitutions et dommages-intérêts, ni être au-dessous de 50 francs.

Les objets du délit ou leur valeur, s'ils appartiennent encore au vendeur, seront confisqués ; les faux poids et les fausses mesures seront aussi confisqués, et de plus seront brisés.

Le tribunal pourra ordonner l'affiche du jugement dans les lieux qu'il désignera, et son insertion intégrale ou par extrait dans tous les journaux qu'il désignera, le tout aux frais du condamné.

Art. 434. Quiconque aura volontairement mis le feu à des édifices, navires, bateaux, magasins, chantiers, quand ils sont habités ou servent à l'habitation, et généralement aux lieux habités, ou servant à l'habitation, qu'ils appartiennent ou n'appartiennent pas à l'auteur du crime, sera puni de mort.

Sera puni de la même peine quiconque aura volontairement mis le feu, soit à des voitures ou wagons contenant des personnes, soit à des voitures ou wagons ne contenant pas des personnes, mais faisant partie d'un convoi qui en contient.

Quiconque aura volontairement mis le feu à des édifices, navires, bateaux, magasins, chantiers, lorsqu'ils ne sont ni habités ni servant à l'habitation, ou à des forêts, bois, taillis ou récoltes sur pied, lorsque ces objets ne lui appartiennent pas, sera puni de la peine des travaux forcés à perpétuité.

Celui qui, en mettant ou en faisant mettre le feu à l'un des objets énumérés dans le paragraphe précédent et à lui-même appartenant, aura volontairement causé un préjudice quelconque à autrui, sera puni des travaux forcés à temps ; sera puni de la même peine, celui qui aura mis le feu sur l'ordre du propriétaire.

Quiconque aura volontairement mis le feu, soit à des pailles ou récoltes en tas ou en meules, soit à des bois disposés en tas ou en stères, soit à des voitures ou wagons chargés ou non chargés de marchandises ou autres objets mobiliers et ne faisant point partie d'un convoi contenant des personnes, si ces objets ne lui appartiennent pas, sera puni des travaux forcés à temps.

Celui qui, en mettant ou en faisant mettre le feu à l'un des objets énumérés dans le paragraphe précédent et à lui-même appartenant, aura volontairement causé un préjudice quelconque à autrui, sera puni de la réclusion ; sera puni de la même peine, celui qui aura mis le feu sur l'ordre du propriétaire.

Celui qui aura communiqué l'incendie à l'un des objets énumérés dans les précédents paragraphes, en mettant volontairement le feu à des objets quelconques appartenant soit à lui, soit à autrui, et placés de manière à communiquer ledit incendie, sera puni de la même peine que s'il avait directement mis le feu à l'un desdits objets.

Dans tous les cas, si l'incendie a occasionné la mort d'une ou de plusieurs personnes se trouvant dans les lieux incendiés au moment où il a éclaté, la peine sera la mort.

Art. 437. Quiconque, volontairement, aura détruit ou renversé par quelque moyen que ce soit, en tout ou en partie, des édifices, des ponts, digues ou chaussées ou autres constructions qu'il savait appartenir à autrui, ou causé l'explosion d'une machine à vapeur, sera puni de la réclusion et d'une amende qui ne pourra excéder le quart des restitutions et indemnités ni être au-dessous de 100 francs.

S'il y a eu homicide ou blessures, le coupable sera, dans le premier cas, puni de mort, et dans le second, puni de la peine des travaux forcés à temps.

Art. 443. Quiconque, à l'aide d'une liqueur corrosive ou par tout autre moyen, aura volontairement détérioré des marchandises, matières ou instruments quelconques servant à la fabrication, sera puni d'un emprisonnement d'un mois à deux ans, et d'une amende qui ne pourra excéder le quart des dommages-intérêts, ni être moindre de 16 francs.

Si le délit a été commis par un ouvrier de la fabrique ou par un commis de la maison de commerce, l'emprisonnement sera de deux à cinq ans, sans préjudice de l'amende, ainsi qu'il vient d'être dit.

Art. 463. Les peines prononcées par la loi contre celui ou ceux des accusés reconnus coupables, en faveur de qui le jury aura déclaré les circonstances atténuantes, seront modifiées ainsi qu'il suit :

Si la peine prononcée par la loi est la mort, la Cour appliquera la peine de travaux forcés à perpétuité ou celle des travaux forcés à temps.

Si la peine est celle des travaux forcés à perpétuité, la Cour appliquera la peine des travaux forcés à temps ou celle de la réclusion.

Si la peine est celle de la déportation dans une enceinte fortifiée, la Cour appliquera celle de la déportation simple ou celle de la détention ; mais dans les cas prévus par les articles 96 et 97, la peine de la déportation simple sera seule appliquée.

Si la peine est celle de la déportation, la Cour appliquera la peine de la détention ou celle du bannissement.

Si la peine est celle des travaux forcés à temps, la Cour appliquera la peine de la réclusion ou les dispositions de l'article 401, sans toutefois pouvoir réduire la durée de l'emprisonnement au-dessous de deux ans.

Si la peine est celle de la réclusion, de la détention, du bannissement ou de la dégradation civique, la Cour appliquera les dispositions de l'article 401, sans toutefois pouvoir réduire la durée de l'emprisonnement au-dessous d'un an.

Dans le cas où le Code prononce le maximum d'une peine afflictive, s'il existe des circonstances atténuantes, la Cour appliquera le minimum de la peine, ou même la peine inférieure.

Dans tous les cas où la peine de l'emprisonnement et celle de l'amende sont prononcées par le Code pénal, si les circonstances paraissent atténuantes, les tribunaux correctionnels sont autorisés, même en cas de récidive, à réduire l'emprisonnement même au-dessous de six jours et l'amende même au-dessous de 16 francs ; ils pourront aussi prononcer séparément l'une ou l'autre de ces peines, et même substituer l'amende à l'emprisonnement sans qu'en aucun cas elle puisse être au-dessous des peines de simple police.

LOIS COMPLÉMENTAIRES

Décret du 6 avril 1859, portant règlement d'administration publique pour l'exécution du dernier paragraphe des articles 9 et 29 du Code de justice militaire de l'armée de terre, concernant les conditions et les formes de la nomination des greffiers et commis-greffiers.

Art. 1er. Les greffiers des tribunaux de l'armée de terre sont nommés par nous, sur la proposition de notre Ministre de la guerre.

Les commis greffiers sont nommés par notre Ministre de la guerre, sur la proposition des généraux divisionnaires.

Art. 2. Les commis greffiers sont choisis parmi les sous-officiers en activité de service ou libérés, réunissant les conditions d'aptitude déterminées dans un programme arrêté par notre Ministre de la guerre.

Art. 3. Les emplois de greffiers de 4° classe sont donnés en totalité, au choix, aux commis-greffiers.

Art. 4. Les emplois de greffiers de 1er, de 2° et de 3° classe sont donnés aux greffiers de la classe immédiatement inférieure, moitié au choix, moitié à l'ancienneté. Nul ne peut passer à une classe supérieure s'il n'a accompli au moins deux années de service dans la classe immédiatement inférieure (1).

---

(1) V. plus loin, à sa date chronologique, le décret du 6 septembre 1875.

DÉPORTATION (1)

Loi qui désigne de nouveaux lieux déportation du 23 mars 1872.

Art. 1er. Les paragraphes 2 et 3 de l'article 1er et les articles 4 et 5 de la loi du 8 juin 1850 sont abrogés.

Art. 2. La presqu'île Ducos, dans la Nouvelle-Calédonie, est déclarée lieu de déportation dans une enceinte fortifiée.

Art. 3. L'île des Pins et, en cas d'insuffisance, l'île Maré, dépendance de la Nouvelle-Calédonie, sont déclarées lieux de déportation simple pour l'exécution de l'article 17 du Code pénal.

Art. 4. Les condamnés à la déportation dans une enceinte fortifiée jouiront dans la presqu'île Ducos, de toute la liberté compatible avec la nécessité d'assurer la garde de leur personne et le maintien de l'ordre. Il seront soumis à un régime de police et de surveillance déterminé par un règlement d'administration publique qui sera rendu dans un délai de deux mois à partir de la promulgation de la présente loi. Ce règlement fixera les conditions sous lesquelles les déportés seront autorisés à circuler dans tout ou partie de la presqu'île, suivant leur nombre, à s'y occuper à des travaux de culture ou d'industrie, et à y former des établissements provisoires par groupe ou par famille.

Art. 5. Les condamnés à la déportation simple jouiront, dans l'île des Pins et dans l'île Maré, d'une liberté qui n'aura pour limite que les précautions indispensables pour empêcher les évasions et assurer la sécurité et le bon ordre.

Art. 6. Un projet de loi réglant le régime des condamnés, la compétence disciplinaire à laquelle il seront soumis, les mesures destinées à prévenir le désordre et les évasions, les concessions de terre soit dans les îles, soit dans la grande terre, les conditions auxquelles elles pourront être faites et révoquées, enfin le droit pour les familles des déportés de se rendre dans les lieux de déportation et les conditions auxquelles elles pourront obtenir leur transport aux frais de l'État, sera présenté par le gouvernement dans les deux mois qui suivront la promulgation de la présente loi (2).

---

(1) V. Loi du 8 juin 1850 sur la Déportation, p. 1071.
(2) Décret du 31 mai 1872. — Loi du 25 mars 1873.

LOI SUR LE RECRUTEMENT DE L'ARMÉE (1)

27 JUILLET 1872.

TITRE Ier.

DISPOSITIONS GÉNÉRALES.

Art. 1er. Tout Français doit le service militaire personnel.

Art. 2. Il n'y a dans les troupes françaises ni prime en argent, ni prix quelconque d'engagement.

Art. 3. Tout Français qui n'est pas déclaré impropre à tout service militaire peut être appelé depuis l'âge de vingt ans jusqu'à celui de quarante ans à faire partie de l'armée active et des réserves, selon le mode déterminé par la loi.

Art. 4. Le remplacement est supprimé.

Les dispenses de service, dans les conditions spécifiées par la loi, ne sont pas accordées à titre de libération définitive.

Art. 5. Les hommes présents au corps ne prennent part à aucun vote.

Art. 6. Tout corps organisé en armes est soumis aux lois militaires, fait partie de l'armée, et relève soit du ministre de la guerre, soit du ministre de la marine.

Art. 7. Nul n'est admis dans les troupes françaises s'il n'est Français.

Sont exclus du service militaire, et ne peuvent à aucun titre servir dans l'armée :

1° Les individus qui ont été condamnés à une peine afflictive ou infamante ;

2° Ceux qui, ayant été condamnés à une peine correctionnelle de deux ans d'emprisonnement et au-dessus, ont en outre été placés par le jugement de condamnation sous la surveillance de la haute police et interdits, en tout ou en partie, des droits civiques, civils ou de famille.

---

(1) V. en suite les lois des 6 et 18 novembre 1875 et le décret du 16 mars 1878 à leur date chronologique.

TITRE II.

DES APPELS.

SECTION Ire. — *Du recensement et du tirage au sort.*

Art. 8. Chaque année les tableaux de recensement des jeunes gens ayant atteint l'âge de vingt ans révolus dans l'année précédente et domiciliés dans le canton, sont dressés par les maires :

1° Sur la déclaration à laquelle sont tenus les jeunes gens, leurs parents ou leurs tuteurs ;

2° D'office, d'après les registres de l'état civil et tous autres documents et renseignements.

Ces tableaux mentionnent dans une colonne d'observations la profession de chacun des jeunes gens inscrits.

Ces tableaux sont publiés et affichés dans chaque commune et dans les formes prescrites par les articles 63 et 64 du Code civil (1). La dernière publication doit avoir lieu au plus tard le 15 janvier.

Un avis publié dans les mêmes formes indique le lieu et le jour où il sera procédé à l'examen desdits tableaux et à la désignation, par le sort, du numéro assigné à chaque jeune homme inscrit.

Art. 9. Les individus nés en France de parents étrangers et les individus nés à l'étranger de parents étrangers naturalisés Français, et mineurs au moment de la naturalisation de leurs parents, concourent dans les cantons où ils sont domiciliés, au tirage qui suit la déclaration faite par eux en vertu de l'article 9 du Code civil, et de l'article 2 de la loi du 7 février 1751 (2).

---

(1) *Art*. 63. — L'officier de l'état civil fera deux publications à huit jours d'intervalle, un jour de dimanche, devant la porte de la maison commune. Ces publications et l'acte qui en sera dressé, énonceront les prénoms, noms, professions, et domiciles des futurs époux, leur qualité de majeurs ou de mineurs et les prénoms, noms, professions et domiciles de leurs pères et mères. — Cet acte énoncera, en outre, les jours, lieux et heures où les publications auront été faites, etc...

Art. 64. — Un extrait de l'acte de publication sera et restera affiché à la porte de la maison commune, pendant les huit jours d'intervalle de l'une à l'autre publication...

(2) *Art*. 9. — Tout individu, né en France d'un étranger, pourra, dans l'année qui suivra l'époque de sa majorité, réclamer la qualité de Français, pourvu que, dans le cas où il résiderait en France, il déclare que son intention

Les individus déclarés Français en vertu de l'article 1er de la loi du 7 février 1851 concourent également, dans le canton où ils sont domiciliés, au tirage qui suit l'année de leur majorité, s'ils n'ont pas réclamé leur qualité d'étranger conformément à la dite loi (1).

Les uns et les autres ne sont assujettis qu'aux obligations de service de la classe à laquelle ils appartiennent par leur âge.

Art. 10. Sont considérés comme légalement domiciliés dans le canton :

1° Les jeunes gens même émancipés, engagés, établis au dehors, expatriés, absents ou en état d'emprisonnement si d'ailleurs leurs père, mère ou tuteur ont leur domicile dans une des communes du canton, ou si leur père expatrié avait son domicile dans une desdites communes ;

2° Les jeunes gens mariés dont le père, ou la mère à défaut de père, sont domiciliés dans le canton, à moins qu'ils ne justifient de leur domicile réel dans un autre canton ;

3° Les jeunes gens mariés et domiciliés dans le canton, alors même que leur père ou leur mère n'y seraient pas domiciliés ;

4° Les jeunes gens nés et résidant dans le canton, qui n'auraient ni leur père, ni leur mère, ni tuteur ;

---

est d'y fixer son domicile et que dans le cas où il résiderait en pays étranger, il fasse sa soumission de fixer en France son domicile, et qu'il l'y établisse dans l'année, à compter de l'acte de soumission.

Loi du 7 février 1851. — Article 2. — L'article 9 du Code civil est applicable aux enfants de l'étranger naturalisé, quoique nés en pays étranger, s'ils étaient mineurs lors de la naturalisation.

A l'égard des enfants nés en France ou à l'étranger, qui étaient majeurs à cette même époque, l'article 9 du Code civil leur est applicable dans l'année qui suivra celle de ladite naturalisation.

(1) Loi du 16 décembre 1874, modifiant l'article 1er de la loi du 7 février 1851 :

Art. 1er. — Est Français tout individu né en France d'un étranger qui lui-même y est né, à moins que, dans l'année qui suivra l'époque de sa majorité, telle qu'elle est fixée par la loi française, il ne réclame la qualité d'étranger par une déclaration faite soit devant l'autorité municipale du lieu de sa résidence, soit devant les agents diplomatiques ou consulaires de France à l'étranger et qu'il ne justifie avoir conservé sa nationalité d'origine par une attestation en due forme de son gouvernement, laquelle demeurera annexée à la déclaration.

Cette déclaration pourra être faite par procuration spéciale et authentique.

Art. 2. — Les jeunes gens auxquels s'applique l'article précédent peuvent soit s'engager volontairement dans les armées de terre ou de mer, soit contracter l'engagement conditionnel d'un an, conformément à la loi du 27 juillet 1872, titre IV, troisième section, soit entrer dans les écoles du Gouvernement à l'âge fixé par les lois et règlements, en déclarant qu'ils renoncent à réclamer la qualité d'étranger dans l'année qui suivra leur majorité.

Cette déclaration ne peut être faite qu'avec le consentement exprès et spécial du père, ou, à défaut du père, de la mère, ou, a défaut de père et de mère, qu'avec l'autorisation du conseil de famille. Elle ne doit être reçue qu'après les examens d'admission et s'ils sont favorables.

5° Les jeunes gens résidant dans le canton, qui ne seraient dans aucun des cas précédents, et qui ne justifieraient pas de leur inscription dans un autre canton.

Art. 11. Sont, d'après la notoriété publique, considérés comme ayant l'âge requis pour le tirage, les jeunes gens qui ne peuvent produire ou n'ont pas produit avant le tirage, un extrait des registres de l'état civil constatant un âge différent, ou qui, à défaut de registres, ne peuvent prouver, ou n'ont pas prouvé leur âge conformément à l'article 46 du Code civil (1).

Art. 12. Si dans les tableaux de recensement, ou dans les tirages des années précédentes, des jeunes gens ont été omis, ils sont inscrits sur les tableaux de recensement de la classe qui est appelée après la découverte de l'omission, à moins qu'ils n'aient trente ans accomplis à l'époque de la clôture des tableaux.

Après cet âge, ils sont soumis aux obligations de la classe à laquelle ils appartiennent.

Art. 13. Dans les cantons composés de plusieurs communes, l'examen des tableaux de recensement et le tirage au sort ont lieu au chef-lieu de canton, en séance publique, devant le sous-préfet assisté des maires du canton.

Dans les communes qui forment un ou plusieurs cantons, le sous-préfet est assisté du maire et de ses adjoints.

Dans les villes divisées en plusieurs arrondissements, le préfet ou son délégué est assisté d'un officier municipal de l'arrondissement.

Le tableau est lu à haute voix. Les jeunes gens, leurs parents ou ayants-cause sont entendus dans leurs observations. Le sous-préfet statue après avoir pris l'avis des maires. Le tableau rectifié, s'il y a lieu, et définitivement arrêté, est revêtu de leurs signatures.

Dans les cantons composés de plusieurs communes, l'ordre dans lequel elles sont appelées pour le tirage est, chaque fois, indiqué par le sort.

Art. 14. Le sous-préfet inscrit, en tête de la liste de tirage, les noms des jeunes gens qui se trouvent dans les cas prévus par l'article 60 de la présente loi.

---

(1) *Art.* 46. — Code civil. — Lorsqu'il n'aura pas existé de registes ou qu'ils auront été perdus, la preuve en est reçue tant par titres que par témoins ; et, dans ce cas, les mariages, naissances et décès peuvent être prouvés tant par les registres et papiers émanés des pères et mères décédés, que par témoins.

Les premiers numéros leur sont attribués de droit.

Ces numéros sont, en conséquence, extraits de l'urne avant l'opération du tirage.

Art. 15. Avant de commencer l'opération du tirage, le sous-préfet compte publiquement les numéros et les dépose dans l'urne, après s'être assuré que leur nombre est égal à celui des jeunes gens appelés à y concourir ; il en fait la déclaration à haute voix.

Aussitôt, chacun des jeunes gens appelés dans l'ordre du tableau prend dans l'urne un numéro qui est immédiatement proclamé et inscrit. Les parents des absents ou, à leur défaut, le maire de leur commune, tirent à leur place.

L'opération du tirage achevée est définitive.

Elle ne peut, sous aucun prétexte, être recommencée, et chacun garde le numéro qu'il a tiré ou qu'on a tiré pour lui.

Les jeunes gens qui ne se trouveraient pas pourvus de numéros seront inscrits à la suite avec des numéros supplémentaires et tireront entre eux pour déterminer l'ordre suivant lequel ils seront inscrits.

La liste par ordre de numéros est dressée à mesure que les numéros sont tirés de l'urne. Il y est fait mention des cas et des motifs d'exemptions et de dispenses que les jeunes gens ou leurs parents, ou les maires des communes se proposent de faire valoir devant le Conseil de révision mentionné en l'article 27.

Le sous-préfet y ajoute ses observations.

La liste du tirage est ensuite lue, arrêtée et signée de la même manière que le tableau de recensement, et annexée avec ledit tableau au procès-verbal des opérations. Elle est publiée et affichée dans chaque commune du canton.

SECTION II. — *Des exemptions.* — *Des dispenses et des sursis d'appel.*

Art. 16. Sont exemptés du service militaire, les jeunes gens que leurs infirmités rendent impropres à tout service actif ou auxiliaire dans l'armée.

Art. 17. Sont dispensés du service d'activité en temps de paix :

1° L'aîné d'orphelins de père et de mère :

2° Le fils unique ou l'aîné des fils, ou à défaut de fils ou de gendre, le petit-fils unique ou l'aîné des petits-fils d'une femme actuellement veuve ou d'une femme dont le mari a été légalement déclaré absent, ou d'un père aveugle ou entré dans sa soixante-dixième année.

Dans les cas prévus prévus par les deux paragraphes précédents, le frère puîné jouira de la dispense, si le frère aîné est aveugle ou atteint de toute autre infirmité incurable qui le rende impotent;

3° Le plus âgé des deux frères appelé à faire partie du même tirage, si le plus jeune est reconnu propre au service;

4° Celui dont un frère sera dans l'armée active;

5° Celui dont un frère sera mort en activité de service ou aura été réformé ou admis à la retraite pour blessures reçues dans un service commandé ou pour infirmités contractées dans les armées de terre et de mer.

La dispense accordée, conformément aux paragraphes 4 et 5 ci-dessus, ne sera appliquée qu'à un seul frère pour un même cas, mais elle se répétera dans la même famille autant de fois que les mêmes droits s'y reproduiront.

Le jeune homme omis, qui ne s'est pas présenté par lui ou ses ayants-cause au tirage de la classe à laquelle il appartient, ne peut réclamer le bénéfice des dispenses indiqués par le présent article. si les causes de ces dispenses ne sont survenues que postérieurement à la clôture des listes.

Ces causes de dispenses doivent, pour produire leur effet, exister au jour où le conseil de révision est appelé à statuer.

Néanmoins, l'appelé ou l'engagé qui, postérieurement, soit à la décision du Conseil de révision, soit au 1er juillet, soit à son incorporation, devient l'aîné d'orphelins de père et de mère, le fils unique ou l'aîné des fils, ou, à défaut du fils et du gendre, le petit-fils unique ou l'aîné des petits-fils d'une femme veuve, d'une femme dont le mari a été légalement déclaré absent, ou d'un père aveugle, est, sur sa demande, et pour le temps qu'il a encore à servir, renvoyé dans ses foyers en disponibilité, à moins qu'en raison de sa présence sous les drapeaux il n'ait procuré la dispense de service à un frère puîné actuellement vivant.

Le bénéfice de la disposition du paragraphe précédent s'étend au militaire devenu fils aîné ou petit-fils aîné de septuagénaire, par suite du décès d'un frère.

Les dispenses énoncées au présent article ne sont applicables qu'aux enfants légitimes.

Art. 18. Peuvent être ajournés deux années de suite à un nouvel examen, les jeunes gens qui, au moment de la réunion du Conseil de révision, n'ont pas la taille de un mètre cinquante-quatre centimètres ou sont reconnus d'une complexion trop faible pour un service armé.

Les jeunes gens ajournés à un nouvel examen du Conseil de révision sont tenus, à moins d'une autorisation spéciale, de se re-présenter au Conseil de révision du canton devant lequel ils ont comparu.

Après l'examen définitif, ils sont classés, et ceux de ces jeunes gens reconnus propres soit au service armé, soit à un service auxiliaire, sont soumis, selon la catégorie dans laquelle ils sont placés, à toutes les obligations de la classe à laquelle ils appartiennent.

Art. 19. Les élèves de l'École polytechnique et les élèves de l'École forestière sont considérés comme présents sous les dra-peaux dans l'armée active pendant tout le temps par eux passé dans lesdites écoles.

Les lois d'organisation prévues par l'article 45 de la présente loi déterminent pour ceux de ces jeunes gens qui ont satisfait aux examens de sortie, et ne sont pas placés dans les armées de terre ou de mer, les emplois auxquels ils peuvent être appelés soit dans la disponibilités, soit dans l'armée active, soit dans l'armée terri-toriale, ou dans les services auxiliaires.

Les élèves de l'École polytechnique et de l'École forestière qui ne satisfont pas aux examens de sortie de ces écoles suivent les conditions de la classe de recrutement à laquelle ils appartiennent par leur âge ; le temps passé par eux à l'École polytechnique ou à l'École forestière est déduit des années des service déterminées par l'article 36 de la présente loi.

Art. 20. Sont, à titre conditionnel, dispensés du service mili-taire :

1° Les membres de l'instruction publique, les élèves de l'École normale supérieure de Paris, dont l'engagement de se vouer pen-dant dix ans à la carrière de l'enseignement aura été accepté par le Recteur de l'Académie, avant le tirage au sort, et s'ils réalisent cet engagement ;

2° Les professeurs des institutions nationales des sourds-muets et des institutions nationales des jeunes aveugles, aux mêmes con-ditions que les membres de l'instruction publique ;

3° Les artistes qui ont remporté les grands prix de l'Institut, à condition qu'ils passeront à l'École de Rome les années réglementaires et rempliront toutes leurs obligations envers l'État (1) ;

4° Les élèves pensionnaires de l'École des langues orientales vivantes et les élèves de l'École des chartes nommés après examen, à condition de passer dix ans tant dans lesdites écoles que dans un service public ;

5° Les membres et novices des associations religieuses vouées à l'enseignement et reconnues comme établissements d'utilité publique, et les directeurs, maîtres adjoints, élèves maîtres des écoles fondées ou entretenues par les associations laïques, lorsqu'elles remplissent les mêmes conditions ; pourvu toutefois que les uns et les autres, avant le tirage au sort, aient pris devant le Recteur de l'Académie l'engagement de se consacrer pendant dix ans à l'enseignement et s'ils réalisent cet engagement dans un des établissements de l'association religieuse ou laïque, à condition que cet établissement existe depuis plus de deux ans ou renferme trente élèves au moins ;

6° Les jeunes gens qui, sans être compris dans les paragraphes précédents, se trouvent dans les cas prévus par l'article 79 de la loi du 15 mars 1850, et par l'article 18 de la loi du 10 avril 1867, et ont, avant l'époque fixée pour le tirage, contracté devant le recteur le même engagement et aux mêmes conditions (2).

L'engagement de se vouer pendant dix ans à l'enseignement peut être réalisé par les instituteurs et par les instituteurs-adjoints mentionnés au présent paragraphe 6, tant dans les écoles publiques que dans les écoles libres désignées à cet effet par le

(1) V. Circulaire ministérielle 25 janvier 1876. — Journal militaire n° 4. — 1er semestre 1876.

(2) Loi du 15 mars 1850. — Article 79. Les instituteurs adjoints des écoles publiques, les jeunes gens qui se préparent à l'enseignement primaire public dans les écoles désignées à cet effet, les membres ou novices des associations religieuses vouées à l'enseignement et autorisés par la loi ou reconnues comme établissemens d'utilité publique, les élèves de l'école normale supérieure, les maîtres d'étude, régents et professeurs des collèges et lycées, sont dispensées du service militaire s'ils ont, avant l'époque fixée pour le tirage, contracté devant le recteur l'engagement de se vouer pendant dix ans à l'enseignement public et s'ils réalisent cet engagement.

Loi du 10 avril 1867. — Article 18. — L'engagement de se vouer à l'enseignement public prévu par l'article 78 de la loi de 1850 peut être réalisé tant par les instituteurs que par leurs adjoints dans les écoles libres tenant lieu d'écoles publiques et qui reçoivent une subvention de la commune, du département ou de l'État, désignées à cet effet par le Ministre de l'instruction publique après avis du Conseil départemental, aux termes du même article, l'engagement décennal peut être contracté avant le tirage par les instituteurs adjoints des écoles désignées ainsi qu'il vient d'être dit.

Ministre de l'instruction publique, après avis du Conseil départemental ;

7° Les élèves ecclésiastiques désignés à cet effet par les archevêques et par les évêques, et les jeunes gens autorisés à continuer leurs études pour se vouer au ministère dans les cultes salariés par l'État, sous la condition qu'ils seront assujettis au service militaire, s'ils cessent les études en vue desquelles ils auront été dispensés ou, si à vingt-six ans les premiers ne sont pas entrés dans les ordres majeurs et les seconds n'ont pas reçu la consécration.

Art. 21. Les jeunes gens liés au service dans les armées de terre ou de mer en vertu d'un brevet ou d'une commission, et qui cessent leur service ;

Les jeunes marins portés sur les registres matricules de l'inscription maritime, conformément aux règles prescrites par les articles 1, 2, 3, 4 et 5 de la loi du 25 octobre 1795 (3 brumaire an IV), qui se font rayer de l'inscription maritime ;

Les jeunes gens désignés en l'article 20 ci-dessus, qui cessent d'être dans une des positions indiquées audit article avant d'avoir accompli les conditions qu'il leur impose, sont tenus :

1° D'en faire la déclaration au maire de la commune dans les deux mois, et de retirer expédition de leur déclaration ;

2° D'accomplir dans l'armée active le service prescrit par la présente loi, et de faire ensuite partie des réserves selon la classe à laquelle ils appartiennent.

Faute par eux de faire la déclaration ci-dessus et de la soumettre au visa du préfet du département dans le délai d'un mois, ils sont passibles des peines portées par l'article 60 de la présente loi.

Ils sont rétablis dans la première classe appelée après la cessation de leur service, fonctions ou études. Mais le temps écoulé depuis la cessation de leurs services, fonctions ou études, jusqu'au moment de la déclaration, ne compte pas dans les années de service exigées par la présente loi.

Toutefois est déduit du nombre d'années pendant lesquelles tout Français fait partie de l'armée active, le temps déjà passé au service de l'État, par les marins inscrits et par les jeunes gens liés au service dans les armées de terre et de mer, en vertu d'un brevet ou d'une commission.

Art. 22. Peuvent être dispensés à titre provisoire, comme sou-

tiens indispensables de famille, et s'ils en remplissent effectivement les devoirs, les jeunes gens désignés par les conseils muni-
cipaux de la commune où ils sont domiciliés.

La liste est présentée au Conseil de révision par le maire.

Ces dispenses peuvent être accordées par département, jusqu'à
concurrence de 4 pour 100 du nombre des jeunes gens reconnus
propres au service et compris dans la première partie des listes du
recrutement cantonal.

Tous les ans, le maire de chaque commune fait connaître au
Conseil de révision la situation des jeunes gens qui ont obtenu les
dispenses à titre de soutiens de famille pendant les années précédentes.

Art. 23. En temps de paix, il peut être accordé des sursis d'appel aux jeunes gens qui, avant le tirage au sort, en auront fait la
demande.

A cet effet, ils doivent établir que, soit pour leur apprentissage,
soit pour les besoins de l'exploitation agricole, industrielle ou
commerciale à laquelle ils se livrent pour leur compte ou pour
celui de leurs parents, il est indispensable qu'ils ne soient pas enlevés immédiatement à leurs travaux.

Ce sursis d'appel ne confère ni exemption ni dispense.

Il n'est accordé que pour un an et peut être néanmoins renouvelé pour une seconde année.

Le jeune homme qui a obtenu un sursis d'appel conserve le
numéro qui lui est échu lors du tirage au sort, et, à l'expiration de
son sursis, il est tenu de satisfaire à toutes les obligations que lui
imposait la loi en raison de son numéro.

Art. 24. Les demandes de sursis adressées au maire sont instruites par lui; le Conseil municipal donne son avis. Elles sont
remises au Conseil de révision et envoyées par duplicata au sous-
préfet, qui les transmet au préfet, avec ses observations, et y joint
tous les documents nécessaires.

Il peut être accordé, pour tout le département et par chaque
classe, des sursis d'appel jusqu'à concurrence de 4 pour 100 du
nombre de jeunes gens reconnus propres au service militaire
dans ladite classe et compris dans la première partie des listes du
recrutement cantonal.

Art. 25. Les jeunes gens dispensés du service d'activité en
temps de paix, aux termes de l'article 17 de la présente loi ; les
jeunes gens dispensés à titre de soutiens de famille, ainsi que

les jeunes gens auxquels il est accordé des sursis d'appel, sont astreints, par un règlement du Ministre de la guerre, à certains exercices.

Quand les causes de dispenses viennent à cesser, ils sont soumis à toutes les obligations de la classe à laquelle ils appartiennent.

Art. 26. Les jeunes gens dispensés du service de l'armée active, aux termes de l'article 17 ci-dessus, les jeunes gens dispensés à titre de soutiens de famille, ainsi que ceux qui ont obtenu des sursis d'appel, sont appelés, en cas de guerre, comme les hommes de leur classe.

L'autorité militaire en dispose alors selon les besoins des différents services.

SECTION III. — *Des conseils de révision et des listes de recrutement cantonal.*

Art. 27. Les opérations du recrutement sont revues, les réclamations auxquelles ces opérations peuvent donner lieu sont entendues, les causes d'exemptions et de dispenses prévues par les articles 16, 17 et 20 de la présente loi, sont jugées en séance publique par un Conseil de révision composé :

Du préfet, président, ou, à son défaut, du secrétaire général ou du conseiller de préfecture délégué par le préfet ;

D'un conseiller de préfecture désigné par le préfet ;

D'un membre du Conseil général du département autre que le représentant élu dans le canton où la révision a lieu ;

D'un membre du Conseil d'arrondissement également autre que le représentant élu dans le canton où la révision a lieu ;

Tous deux désignés par la commission permanente du Conseil général, conformément à l'article 82 de la loi du 10 août 1871 ;

D'un officier général ou supérieur désigné par l'autorité militaire.

Un membre de l'intendance, le commandant du recrutement, un médecin militaire ou, à défaut, un médecin civil désigné par l'autorité militaire assistent aux opérations du Conseil de révision. Le membre de l'intendance est entendu dans l'intérêt de la loi toutes les fois qu'il le demande et peut faire consigner ses observations au registre des délibérations.

Le Conseil de révision se transporte dans les divers cantons. Toutefois, suivant les localités, le préfet peut exceptionnellement réunir, dans le même lieu, plusieurs cantons pour les opérations du Conseil.

Le sous-préfet ou le fonctionnaire par lequel il aura été suppléé pour les opérations du tirage assiste aux séances que le Conseil de révision tient dans son arrondissement.

Il a voix consultative.

Les maires des communes auxquelles appartiennent les jeunes gens appelés devant le Conseil de révision assistent aux séances et peuvent être entendus.

Si par suite d'une absence, le Conseil de révision ne se compose que de quatre membres, il peut délibérer, mais la voix du Président n'est pas prépondérante. La décision ne peut être prise qu'à la majorité de trois voix ; en cas de partage, elle est ajournée.

Art. 28. Les jeunes gens portés sur les tableaux de recensement, ainsi que ceux des classes précédentes qui ont été ajournés, conformément à l'article 18 ci-dessus, sont convoqués, examinés et entendus par le Conseil de révision. Ils peuvent alors faire connaître l'arme dans laquelle ils désirent être placés.

S'ils ne se rendent pas à la convocation, ou s'ils ne se font pas représenter, ou s'ils n'obtiennent pas un délai, il est procédé comme s'ils étaient présents.

Dans le cas d'exemption pour infirmités, le Conseil ne prononce qu'après avoir entendu le médecin qui assiste au Conseil.

Les cas de dispense sont jugés sur la production de documents authentiques et sur les certificats signés de trois pères de famille domiciliés dans le même canton, dont les fils sont soumis à l'appel ou ont été appelés. Ces certificats doivent, en outre, être signés et approuvés par le maire de la commune du réclamant.

La substitution de numéros peut avoir lieu entre frères, si celui qui se présente comme substituant est reconnu propre au service par le Conseil de révision.

Art. 29. Lorsque les jeunes gens portés sur les tableaux de recensement ont fait des réclamations dont l'admission ou le rejet dépend de la décision à intervenir sur des questions judiciaires relatives à leur état ou à leurs droits civils, le Conseil de révision ajourne sa décision ou ne prend qu'une décision conditionnelle.

Les questions sont jugées contradictoirement avec le préfet, à la requête de la partie la plus diligente. Les tribunaux statuent sans délai, le ministère public entendu.

Art. 30. Hors les cas prévus par l'article précédent, les décisions du Conseil de révision sont définitives. Elles peuvent néanmoins être attaquées devant le Conseil d'État pour incompétence et excès de pouvoirs.

Elles peuvent aussi être attaquées pour violation de la loi, mais par le Ministre de la guerre seulement et dans l'intérêt de la loi. Toutefois l'annulation profite aux parties lésées.

Art. 31. Après que le Conseil de révision a statué sur les cas d'exemptions et sur ceux de dispenses, ainsi que sur toutes les réclamations auxquelles les opérations peuvent donner lieu, la liste du recrutement cantonal est définitivement arrêtée et signée par le Conseil de révision.

Cette liste, divisée en cinq parties, comprend :

1° Par ordre de numéros de tirage, tous les jeunes gens déclarés propres au service militaire et qui ne doivent pas être classés dans les catégories suivantes ;

2° Tous les jeunes gens dispensés en exécution de l'article 17 de la présente loi ;

3° Tous les jeunes gens conditionnellement dispensés en vertu de l'article 20, ainsi que les jeunes gens liés au service en vertu d'un engagement volontaire, d'un brevet ou d'une commission et les jeunes marins inscrits ;

4° Les jeunes gens qui, pour défaut de taille ou pour toute autre cause, ont été dispensés du service dans l'armée active, mais ont été reconnus aptes à faire partie d'un des services auxiliaires de l'armée ;

5° Enfin les jeunes gens qui ont été ajournés à un nouvel examen du Conseil de révision.

Art. 32. Quand les listes du recrutement de tous les cantons du département ont été arrêtées conformément aux prescriptions de l'article précédent, le Conseil de révision, auquel sont adjoints deux autres membres du Conseil général également désignés par la commission permanente et réuni au chef-lieu du département, prononce sur les demandes de dispenses pour soutiens de famille, et sur les demandes de sursis d'appel.

Section IV.—*Du Registre matricule.*

Art. 33. Il est tenu, par département, ou par circonscriptions déterminées dans chaque département, en vertu d'un règlement d'administration publique, un registre matricule, dressé au moyen des listes mentionnées en l'article 31 ci-dessus, et sur lequel sont portés tous les jeunes gens qui n'ont pas été déclarés impropres à tout service militaire ou qui n'ont pas été ajournés à un nouvel examen du Conseil de révision.

Ce registre mentionne l'incorporation de chaque homme inscrit, ou la position dans laquelle il est laissé, et successivement tous les changements qui peuvent survenir dans sa situation, jusqu'à ce qu'il passe dans l'armée territoriale.

Art. 34. Tout homme inscrit sur le registre matricule, qui change de domicile, est tenu d'en faire la déclaration à la mairie de la commune qu'il quitte et à la mairie du lieu où il vient s'établir.

Le maire de chacune des communes transmet, dans les huit jours, copie de ladite déclaration au bureau du registre matricule de la circonscription dans laquelle se trouve la commune.

Art. 35. Tout homme inscrit sur le registre matricule, qui entend se fixer en pays étranger, est tenu, dans sa déclaration à la mairie de la commune où il réside, de faire connaître le lieu où il va établir son domicile, et, dès qu'il est arrivé, d'en prévenir l'agent consulaire de France. Le maire de la commune transmet, dans les huit jours, copie de ladite déclaration au bureau du registre matricule de la circonscription dans laquelle se trouve sa commune.

L'agent consulaire, dans les huit jours de la déclaration, en envoie copie au Ministre de la guerre.

TITRE III.

DU SERVICE MILITAIRE.

Art. 36. Tout Français qui n'est pas déclaré impropre à tout service militaire fait partie :

De l'armée active pendant cinq ans ;

De la réserve de l'armée active pendant quatre ans ;

De l'armée territoriale pendant cinq ans ;

De la réserve de l'armée territoriale pendant six ans.

1° L'armée active est composée indépendamment des hommes qui ne se recrutent pas par les appels, de tous les jeunes gens déclarés propres à un des services de l'armée et compris dans les cinq dernières classes appelées ;

2° La réserve de l'armée active est composée de tous les hommes également déclarés propres à un des services de l'armée et compris dans les quatre classes appelées immédiatement avant celles qui forment l'armée active ;

3° L'armée territoriale est composée de tous les hommes qui ont accompli le temps de service prescrit pour l'armée active et la réserve ;

4° La réserve de l'armée territoriale est composée des hommes qui ont accompli le temps de service pour cette armée.

L'armée territoriale et la deuxième réserve sont formées par régions déterminées par un règlement d'administration publique ; elles comprennent pour chaque région les hommes ci-dessus désignés aux paragraphes 3° et 4°, et qui sont domiciliés dans la région.

Art. 37. L'armée de mer est composée, indépendamment des hommes fournis par l'inscription maritime :

1° Des hommes qui auront été admis à s'engager volontairement ou à se rengager dans les conditions déterminées par un règlement d'administration publique ;

2° Des jeunes gens qui au moment des opérations du Conseil de révision, auront demandé à entrer dans un des corps de la marine, et auront été reconnus propres à ce service ;

3° Enfin et à défaut d'un nombre suffisant d'hommes compris dans les deux catégories précédentes, du contingent du recrutement affecté par décision du Ministre de la guerre à l'armée de mer.

Ce contingent fourni par chaque canton, dans la proportion fixée par ladite décision, est composée de jeunes gens compris dans la première partie de la liste du recrutement cantonal, et auxquels seront échus les premiers numéros sortis au tirage au sort.

Un règlement d'administration publique déterminera les conditions dans lesquelles pourront avoir lieu les permutations entre les jeunes gens affectés à l'armée de mer et ceux de la même classe affectés à l'armée de terre (1).

Pour les hommes qui ne proviennent pas de l'inscription maritime, le temps de service actif dans l'armée de mer est de cinq ans, et de quatre ans dans la réserve. Après avoir accompli ces quatre ans dans la réserve ces hommes passent immédiatement dans la réserve de l'armée territoriale, où ils restent jusqu'à l'âge de quarante ans (2).

Art. 38. La durée du service compte du 1er juillet de l'année du tirage au sort.

Chaque année, au 30 juin, en temps de paix, les militaires qui ont achevé le temps de service prescrit dans l'armée active, ceux qui ont accompli le temps de service prescrit dans la réserve de l'armée active, ceux qui ont terminé le temps de service prescrit pour l'armée territoriale, enfin ceux qui ont terminé le temps de service pour la réserve de cette armée, reçoivent un certificat constatant :

Pour les premiers, leur envoi dans la première réserve (3) ;

Pour les seconds, leur envoi dans l'armée territoriale ;

Pour les troisièmes, leur envoi dans la deuxième réserve.

Et, à l'expiration du temps de service dans cette réserve, les hommes reçoivent un congé définitif.

En temps de guerre, ils reçoivent ces certificats immédiatement après l'arrivée au corps des hommes de la classe destinée à remplacer celle à laquelle ils appartiennent.

Cette dernière disposition est applicable, en tout temps, au hommes appartenant aux équipages de la flotte en cours de campagne.

Art. 39. Tous les jeunes gens de la classe appelée, qui ne sont pas exemptés pour cause d'infirmités, ou ne sont pas dispensés en application des dispositions de la présente loi, ou n'ont pas obtenu de sursis d'appel, ou ne sont pas affectés à l'armée de mer, font

---

(1) V. Décret du 18 juin 1873. *Journal militaire,* n° 30.
(2) Article 37. — Ancienne rédaction.
Pour les hommes qui ne proviennent pas de l'inscription maritime, le temps de service actif dans l'armée de mer est de cinq ans, et de deux ans dans la réserve.
Ces hommes passent ensuite dans l'armée territoriale.
(*Modifié par la loi du 4 décembre* 1875.
V. Décret du 18 juin 1873, p. 1221.
(3) Circulaire ministérielle du 10 juillet 1875. — Établissement et distribution des certificats d'envoi dans la disponibilité ou dans la réserve de l'armée active.

partie de l'armée active et sont mis à la disposition du Ministre de la guerre.

Ces jeunes soldats sont tous immatriculés dans les divers corps de l'armée et envoyés, soit dans lesdits corps, soit dans des bataillons et écoles d'instruction.

Art. 40. Après une année de service des jeunes soldats, dans les conditions indiquées en l'article précédent, ne sont plus maintenus sous les drapeaux que les hommes dont le chiffre est fixé chaque année par le Ministre de la guerre.

Ils sont pris par ordre de numéro sur la première partie de la liste du recrutement de chaque canton et dans la proportion déterminée par la décision du Ministre : cette décision est rendue aussitôt après que toutes les opérations du recrutement sont terminées.

Art. 41. Nonobstant les dispositions de l'article précédent, le militaire compris dans la catégorie de ceux ne devant pas rester sous les drapeaux, mais qui, après l'année de service mentionnée audit article, ne sait pas lire et écrire, et ne satisfait pas aux examens déterminés par le Ministre de la guerre, peut être maintenu au corps pendant une seconde année.

Le militaire placé dans la même catégorie qui, par l'instruction acquise antérieurement à son entrée au service, et par celle reçue sous les drapeaux, remplit toutes les conditions exigées, peut après six mois, à des époques fixées par le Ministre de la guerre, et avant l'expiration de l'année, être envoyé en disponibilité dans ses foyers, conformément à l'article suivant.

Art. 42. Les jeunes gens qui, après le temps de service prescrit par les articles 40 et 41, ne sont pas maintenus sous les drapeaux, restent en disponibilité de l'armée active dans leurs foyers et à la disposition du Ministre de la guerre.

Ils sont par un règlement du Ministre, soumis à des revues et à des exercices.

Art. 43. Les hommes envoyés dans la réserve de l'armée active restent immatriculés d'après le mode prescrit par la loi d'organisation.

Le rappel de la réserve de l'armée active peut être fait d'une manière distincte et indépendante pour l'armée de terre et pour l'armée de mer ; il peut également être fait par classe, en commençant par la moins ancienne.

Les hommes de la réserve de l'armée active sont assujettis, pendant le temps de service de ladite réserve, à prendre part à deux manœuvres.

La durée de chacune de ces manœuvres ne peut dépasser quatre semaines.

Art. 44. Les hommes en disponibilité de l'armée active, et les hommes de la réserve, peuvent se marier sans autorisation.

Les hommes mariés restent soumis aux obligations de service imposées aux classes auxquelles ils appartiennent.

Toutefois, les hommes en disponibilité ou en réserve, qui sont pères de quatre enfants vivants, passent de droit dans l'armée territoriale.

Art. 45. Des lois spéciales déterminent les bases de l'organisation de l'armée active et de l'armée territoriale, ainsi que des réserves.

TITRE IV

DES ENGAGEMENTS, DES RENGAGEMENTS ET DES ENGAGEMENTS CONDITIONNELS D'UN AN.

SECTION Iʳᵉ. — *Des engagements.*

Art. 46. Tout Français peut être autorisé à contracter un engagement volontaire aux conditions suivantes :

L'engagé volontaire doit :

1° S'il entre dans l'armée de mer, avoir seize ans accomplis, sans être tenu d'avoir la taille prescrite par la loi, mais sous la condition qu'à l'âge de dix-huit ans il ne pourra être reçu s'il n'a pas cette taille ;

2° S'il entre dans l'armée de terre, avoir dix-huit ans accomplis et au moins la taille de 1 mètre 54 centimètres ;

3° Savoir lire et écrire (1) ;

4° Jouir de ses droits civils ;

5° N'être ni marié, ni veuf avec enfants ;

6° Être porteur d'un certificat de bonnes vie et mœurs délivré par le maire de la commune de son dernier domicile ; et s'il ne compte pas au moins une année de séjour dans cette commune,

---

(1) Cette condition ne sera exigée qu'à partir du 1ᵉʳ janvier 1880. (*Loi du 9 décembre* 1875.)

il doit également produire un autre certificat du maire des communes où il a été domicilié dans le cours de cette année.

Le certificat doit contenir le signalement du jeune homme qui veut s'engager, mentionner la durée du temps pendant lequel il a été domicilié dans la commune et attester :

Qu'il jouit de ses droits civils ;

Qu'il n'a jamais été condamné à une peine correctionnelle pour vol, escroquerie, abus de confiance ou attentats aux mœurs.

Si l'engagé a moins de vingt ans, il doit justifier du consentement de ses père, mère ou tuteur.

Ce dernier doit être autorisé par une délibération du conseil de famille.

Les conditions relatives, soit à l'aptitude militaire, soit à l'admissibilité dans les différents corps de l'armée, sont déterminées par un décret inséré au *Bulletin des lois.*

Art. 47. La durée de l'engagement volontaire est de cinq ans.

Les années de l'engagement volontaire comptent dans la durée du service militaire fixé par l'article 36 ci-dessus.

En cas de guerre, tout Français qui a accompli le temps de service prescrit pour l'armée active et la réserve de la dite armée est admis à contracter dans l'armée active un engagement pour la durée de la guerre.

Cet engagement ne donne pas lieu aux dispenses prévues par le paragraphe 4 de l'article 17 de la présente loi.

Art. 48. Les hommes qui, après avoir satisfait aux conditions des articles 40 et 41 de la présente loi, vont être envoyés en disponibilité, peuvent être admis à rester dans ladite armée de manière à compléter cinq années de service.

Les hommes renvoyés en disponibilité peuvent être autorisés à compléter cinq années de service sous les drapeaux.

Art. 49. Les engagés volontaires, les hommes admis à rester dans l'armée active, ainsi que ceux qui, en disponibilité, ont été autorisés à compléter cinq années de service dans ladite armée, ne peuvent être envoyés en congé sans leur consentement.

Art. 50. Les engagements volontaires sont contractés dans les formes prescrites par les articles 34, 35, 36, 37, 38, 39, 40, 42 et 44 du Code civil, devant les maires des chefs-lieux de canton.

Les conditions relatives à la durée des engagements sont insérées dans l'acte même.

Les autres conditions sont lues aux contractants avant la signature et mention en est faite à la fin de l'acte, le tout sous peine de nullité.

SECTION II. — *Des rengagements.*

Art. 51. Des rengagements peuvent être reçus pour deux ans au moins et cinq ans au plus.

Ces rengagements ne peuvent être reçus que pendant le cours de la dernière année de service sous les drapeaux.

Ils sont renouvelables jusqu'à l'âge de vingt-neuf ans accomplis pour les caporaux et soldats, et jusqu'à l'âge de trente-cinq ans accomplis pour les sous-officiers.

Les autres conditions sont déterminées par un règlement inséré au *Bulletin des lois.*

Les rengagements après cinq ans de service sous les drapeaux donnent droit à une haute paye.

Art. 52. Les engagements prévus à l'article 48 de la présente loi et les rengagements sont contractés devant les Intendants ou sous-Intendants militaires dans la forme prescrite dans l'article 50 ci-dessus sur la preuve que le contractant peut rester, ou être admis dans le corps pour lequel il se présente.

SECTION III. — *Des engagements conditionnels d'un an.*

Art. 53. Les jeunes gens qui ont obtenu des diplômes de bachelier ès-lettres, de bacheliers ès-sciences, des diplômes de fin d'études, ou des brevets de capacité, institués par les articles 4 et 6 de la loi du 21 juin 1865, ceux qui font partie de l'école centrale des arts et manufactures, des écoles nationales des arts et métiers, des écoles nationales des beaux-arts, du conservatoire de musique ; les élèves des écoles nationales vétérinaires, des écoles nationales d'agriculture et de l'école des haras du Pin ; les élèves externes de l'école des mines, de l'école des ponts et chaussées, de l'école du génie maritime, et les élèves de l'école des mineues de Saint-Étienne, sont admis avant le tirage au sort, lorsqu'ils présentent les certificats d'études émanés des autorités désignées par un règlement inséré au *Bulletin des lois*, à contracter dans l'armée de terre des engagements conditionnels d'un an, selon le mode déterminé par ledit règlement (1).

Art. 54. Indépendamment des jeunes gens indiqués en l'article précédent, sont admis, avant le tirage au sort, à contracter un semblable engagement, ceux qui satisfont à un des examens exigés par les différents programmes préparés par le Ministre de la guerre et approuvés par décrets rendus dans la forme des règlements d'administration publique. Ces décrets sont insérés au *Bulletin des lois.*

Le Ministre de la guerre fixe chaque année le nombre des engagements conditionnels d'un an spécifiés au présent article. Ce nombre est réparti par régions déterminées conformément à l'article 36 ci-dessus, et proportionnellement au nombre des jeunes gens inscrits sur les tableaux de recensement de l'année précédente.

Si, au moment où les jeunes gens mentionnés au présent article et à l'article précédent se présentent pour contracter un engagement d'un an, ils ne sont pas reconnus propres au service, ils sont ajournés et ne peuvent être incorporés que lorsqu'ils remplissent toutes les conditions voulues.

Si un jeune homme, s'étant présenté pour l'engagement conditionnel d'un an, a été reconnu impropre au service, et qu'ensuite, au moment de la révision de sa classe, il soit déclaré bon, il est admis à remplir dans l'année les conditions requises pour le volontariat d'un an (2).

Art. 55. L'engagé volontaire d'un an est habillé, monté, équipé et entretenu à ses frais.

Toutefois, le Ministre de la guerre peut exempter de tout ou partie des obligations déterminées au paragraphe précédent, les jeunes gens qui ont donné dans leur examen des preuves de capa-

---

(1) Ancien article 53. Les jeunes gens qui ont obtenu des diplômes de bachelier ès-lettres, de bachelier ès-sciences, des diplômes de fin d'études ou des brevets de capacité institués par les articles 4 et 6 de la loi du 21 juin 1855, ceux qui font partie de l'école centrale des arts et manufactures, des écoles nationales des arts et métiers, des écoles nationales des beaux-arts, du conservatoire de musique, les élèves des écoles nationales vétérinaires et des écoles nationales d'agriculture ; les élèves externes de l'école des mines, de l'école des ponts et chaussées, de l'école du génie maritime et les élèves de l'école des mineurs de Saint-Etienne, sont admis, avant le tirage au sort, lorsqu'ils présentent les certificats d'études émanés des autorités désignées par un règlement inséré au Bulletin des lois, à contracter dans l'armée de terre des engagements conditionnels d'un an, selon le mode déterminé par ledit règlement. (*Modifié par la loi du 31 décembre 1875.*

(2) Ce paragraphe a été ajouté par la loi du 31 décembre 1875.

cité, et justifient dans les formes prescrites par le règlement, être dans l'impossibilité de subvenir aux frais résultant de ces obligations.

Art. 56. L'engagé volontaire d'un an est incorporé et soumis à toutes les obligations de service imposées aux hommes présents sous les drapeaux.

Il est astreint aux examens prescrits par le Ministre de la guerre.

Si, après un an de service, l'engagé volontaire d'un an ne satisfait pas à ces examens, il est obligé de rester une seconde année au service, aux conditions déterminées dans le règlement prévu par l'article 53.

Si, après cette seconde année, l'engagé volontaire ne satisfait pas à ces examens, il est, par décision du Ministre de la guerre, déclaré déchu des avantages réservés aux volontaires d'un an, et il reste soumis aux mêmes obligations que celles imposées aux hommes de la première partie de la classe à laquelle il appartient par son engagement.

Il en est de même pour le volontaire qui, pendant la première ou la seconde année, a commis des fautes graves et répétées contre la discipline.

Dans tous les cas, le temps passé dans le volontariat compte en déduction de la durée du service prescrite par l'article 36 de la présente loi.

En temps de guerre, l'engagé volontaire d'un an est maintenu au service.

En cas de mobilisation, l'engagé volontaire d'un an marche avec la première partie de la classe à laquelle il appartient par son engagement.

Art. 57. Dans l'année qui précède l'appel de leur classe, les jeunes gens mentionnés dans l'article 53, qui n'auraient pas terminé les études de la faculté ou des écoles auxquelles ils appartiennent, mais qui voudraient les achever dans un laps de temps déterminé, peuvent, tout en contractant l'engagement d'un an, obtenir, de l'autorité militaire, un sursis avant de se rendre au corps pour lequel ils se sont engagés. Le sursis peut leur être accordé jusqu'à l'âge de vingt-quatre ans accomplis.

Jouiront du même privilège, sous la condition d'avoir contracté un engagement conditionnel d'un an : 1° les élèves des écoles supérieures d'agriculture subventionnées par l'État ; 2° les élèves des écoles supérieures de commerce subventionnées par les chambres de commerce. Ces écoles devront avoir été agréées par le Ministre de la guerre quant à l'application du présent article (1).

Art. 58. Après que les engagés volontaires d'un an ont satisfait à tous les examens exigés par l'article 56, ils peuvent obtenir des brevets de sous-officier ou des commissions au moins équivalentes.

Les lois spéciales prévues par l'article 45 déterminent l'emploi de ces jeunes gens, soit dans l'armée active, soit dans la disponibilité, soit dans la réserve de l'armée active, soit dans l'armée territoriale, ou dans les différents services auxquels leurs études les ont plus spécialement destinés.

TITRE V.

DISPOSITIONS PÉNALES.

Art. 59. Tout homme inscrit sur le registre matricule, qui n'a pas fait les déclarations de changement de domicile prescrites par les articles 34 et 35 de la présente loi, est déféré aux tribunaux ordinaires, et puni d'une amende de 10 francs à 200 francs; il peut en outre être condamné à un emprisonnement de quinze jours à trois mois.

En temps de guerre la peine est double.

Art. 60. Toutes fraudes ou manœuvres, par suite desquelles un jeune homme a été omis sur les tableaux de recensement ou sur les listes du tirage, sont déférées aux tribunaux ordinaires et punies d'un emprisonnement d'un mois à un an.

Sont déférés aux mêmes tribunaux et punis de la même peine :

1° Les jeunes gens appelés qui, par suite d'un concert frauduleux, se sont abstenus de comparaître devant le Conseil de révision ;

2° Les jeunes gens qui, à l'aide de fraudes ou manœuvres, se sont fait exempter ou dispenser par un Conseil de révision, sans préjudice des peines plus graves en cas de faux.

---

(1) Ce paragraphe a été ajouté par la loi du 31 décembre 1875.

Les auteurs ou complices sont punis des mêmes peines.

Si le jeune homme omis a été condamné comme auteur ou complice de fraudes ou manœuvres, les dispositions de l'article 14 lui sont appliquées lors du premier tirage qui a lieu après l'expiration de sa peine.

Le jeune homme indûment exempté ou indûment dispensé est rétabli en tête de la première partie de la classe appelée, après qu'il a été reconnu que l'exemption ou la dispense avait été indûment accordée.

Art. 61 (1). Tout homme inscrit sur le registre matricule, au domicile duquel un ordre de route a été régulièrement notifié, et qui n'est pas arrivé à sa destination au jour fixé par cet ordre, est, après un mois de délai, et hors le cas de force majeure, puni, comme insoumis, d'un emprisonnement d'un mois à un an en temps de paix et de deux à cinq ans en temps de guerre. Dans ce dernier cas, à l'expiration de sa peine, il est envoyé dans une compagnie de discipline.

En temps de guerre, les noms des insoumis sont affichés dans toutes les communes du canton de leur domicile ; ils restent affichés pendant toute la durée de la guerre.

Ces dispositions sont applicables à tout engagé volontaire qui, sans motifs légitimes, n'est pas arrivé à sa destination dans le délai fixé par sa feuille de route.

En cas d'absence du domicile, et lorsque le lieu de la résidence est inconnu, l'ordre de route est notifié au maire de la commune dans laquelle l'appelé a concouru au tirage.

A l'égard des appelés, le délai d'un mois sera porté :

1° A deux mois, s'ils demeurent en Algérie, dans les îles voisines des contrées limitrophes de la France ou en Europe ;

2° A six mois, s'ils demeurent dans tout autre pays.

L'insoumis est jugé par le Conseil de guerre de la division militaire dans laquelle il est arrêté.

Le temps pendant lequel l'engagé volontaire ou l'homme inscrit sur le registre matricule aura été insoumis ne compte pas dans les années de service exigées (2).

Art. 62. Quiconque est reconnu coupable d'avoir recélé ou d'avoir pris à son service un insoumis est puni d'un emprisonne-

---

(1) V. article 230 du Code militaire qui se combine avec celui-ci.
(2) V. L'article 68 de la présente loi et note.

ment qui ne peut excéder six mois. Selon les circonstances, la peine peut être réduite à une amende de 20 à 200 fr.

Quiconque est convaincu d'avoir favorisé l'évasion d'un insoumis est puni d'un emprisonnement d'un mois à un an.

La même peine est prononcée contre ceux qui, par des manœuvres coupables, ont empêché ou retardé le départ des jeunes soldats.

Si le délit a été commis à l'aide d'un attroupement, la peine sera double.

Si le délinquant est fonctionnaire public, employé du Gouvernement ou ministre d'un culte salarié par l'État, la peine peut être portée jusqu'à deux années d'emprisonnement, et, il est, en outre, condamné à une amende qui ne pourra excéder 2,000 francs.

Art. 63. Tout homme qui est prévenu de s'être rendu impropre au service militaire, soit temporairement, soit d'une manière permanente, dans le but de se soustraire aux obligations imposées par la présente loi, est déféré aux tribunaux, soit sur la demande des Conseils de révision, soit d'office, et s'il est reconnu coupable, il est puni d'un emprisonnement d'un mois à un an.

Sont également déférés aux tribunaux et punis de la même peine les jeunes gens qui, dans l'intervalle de la clôture de la liste cantonale à leur mise en activité, se sont rendus coupables du même délit (1).

A l'expiration de leur peine, les uns et les autres sont mis à la disposition du Ministre de la guerre, pour tout le temps du service militaire qu'ils doivent à l'État et peuvent être envoyés dans une compagnie de discipline.

La peine portée au présent article est prononcée contre les complices.

Si les complices sont des médecins, chirurgiens, officiers de santé ou pharmaciens, la durée de l'emprisonnement est de deux mois à deux ans, indépendamment d'une amende de 200 francs à 1,000 francs qui peut aussi être prononcée, et sans préjudice de peines plus graves dans les cas prévus par le Code pénal.

Art. 64. Ne compte pas pour les années de service exigées par

---

(1) Le fait de mutilation volontaire dont un militaire se serait rendu coupable ne tomberait sous le coup d'aucune loi pénale et ressortirait seulement à la juridiction disciplinaire, si le fait de mutilation avait été commis postérieurement à l'entrée au service. (*Circ. minist.* 12 *septembre* 1873.)

la présente loi, le temps pendant lequel un militaire a subi la peine de l'emprisonnement en vertu d'un jugement.

Art. 65. Tout fonctionnaire ou officier public, civil ou militaire, qui, sous quelque prétexte que ce soit, a autorisé ou admis des exemptions, dispenses ou exclusions autres que celles déterminées par la présente loi, ou qui aura donné arbitrairement une extension quelconque soit à la durée, soit aux règles ou conditions des appels, des engagements ou des rengagements, sera coupable d'abus d'autorité et puni des peines portées dans l'article 185 du Code pénal, sans préjudice des peines plus graves prononcées par ce Code dans les autres cas qu'il a prévus.

Art. 66. Les médecins, chirurgiens ou officiers de santé qui, appelés au Conseil de révision à l'effet de donner leur avis conformément aux articles 16, 18, 28, ont reçu des dons ou agréé des promesses pour être favorables aux jeunes gens qu'ils doivent examiner, sont punis d'un emprisonnement de deux mois à deux ans.

Cette peine leur est appliquée, soit qu'au moment des dons ou promesses ils aient déjà été désignés pour assister au Conseil, soit que les dons ou promesses aient été agréés dans la prévoyance des fonctions qu'ils auraient à y remplir.

Il leur est défendu, sous la même peine, de rien recevoir, même pour une exemption ou réforme justement prononcée.

Art. 67. Les peines prononcées par les articles 60, 62 et 63 sont applicables aux tentatives des délits prévus par ces articles.

Dans le cas prévu par l'article 66, ceux qui ont fait des dons et promesses sont punis des peines portées par ledit article contre les médecins, chirurgiens ou officiers de santé.

Art. 68. Dans tous les cas non prévus par les dispositions précédentes, les tribunaux civils et militaires, dans les limites de leur compétence, appliqueront les lois pénales ordinaires aux délits auxquels pourra donner lieu l'exécution du mode de recrutement déterminé par la présente loi.

Dans tous les cas où la peine d'emprisonnement est prononcée par la présente loi, les juges peuvent, suivant les circonstances, user de la faculté exprimée par l'article 463 du Code pénal (1).

---

(1) Dans l'application de l'article 463 C. P. en matière d'insoumission, la peine de l'amende ne doit jamais être substituée à celle de l'emprisonnement en ce qui concerne les hommes de la disponibilité et de la réserve de l'armée active, ceux de l'armée territoriale et de sa réserve.

DISPOSITIONS PARTICULIÈRES.

Art. 69. Les jeunes gens appelés à faire partie de l'armée, en exécution de la présente loi, outre l'instruction nécessaire à leur service, reçoivent dans leur corps, et suivant leurs grades, l'instruction prescrite par un règlement du Ministre de la guerre.

Art. 70. Les Ministres de la guerre et de la marine assureront par des règlements, aux militaires de toutes armes, le temps et la liberté nécessaires à l'accomplissement de leurs devoirs religieux les dimanches et autres jours de fête consacrés par leurs cultes respectifs. Ces règlements seront insérés au *Bulletin des lois.*

Art. 71. Tout homme ayant passé sous les drapeaux douze ans dont quatre au moins avec le grade de sous-officier reçoit, des chefs de corps, un certificat en vertu duquel il obtient, au fur et à mesure des vacances, un emploi civil ou militaire en rapport avec ses aptitudes ou son instruction.

Une loi spéciale désignera, dans chaque service public, la catégorie des emplois qui seront réservés en totalité, ou dans une proportion déterminée, aux candidats munis du certificat ci-dessus.

Art. 72. Nul n'est admis, avant l'âge de trente ans accomplis, à un emploi civil ou militaire s'il ne justifie avoir satisfait aux obligations imposées par la présente loi.

Art. 73. Chaque année, avant le 31 mars, il sera rendu compte à l'Assemblée nationale, par le Ministre de la guerre, de l'exécution de la présente loi pendant l'année précédente.

DISPOSITIONS TRANSITOIRES.

Art. 74. Les dispositions de la présente loi ne seront appliquées qu'à partir du 1er janvier 1873.

Toutefois, la totalité de la classe de 1871 sera mise à la disposition du Ministre de la guerre ; les jeunes gens de cette classe qui ne feront pas partie du contingent fixé par le Ministre seront placés

---

Les jeunes soldats seuls et les engagés volontaires bénéficient de toute l'étendue de l'article 461. (*Art.* 19. *Loi du* 18 *novembre* 1875.)

Lorsque l'amende est substituée à la peine de l'emprisonnement qui était seule applicable, les tribunaux ne peuvent prononcer que le minimum des amendes correctionnelles, c'est-à-dire 16 francs. (*Cass.* 9 *janvier* 1846.)

dans la réserve de l'armée active, au lieu de l'être dans la garde nationale mobile conformément à la loi du 1ᵉʳ février 1868, et y resteront un temps égal à la durée du service accompli dans l'armée active et dans la réserve par les hommes de la même classe compris dans le contingent. Après quoi les uns et les autres seront placés dans l'armée territoriale, conformément aux dispositions de l'article 36 de la présente loi.

La durée du service pour la classe de 1871 comptera du 1ᵉʳ juillet 1872, conformément aux prescriptions de la loi du 1ᵉʳ février 1868; néanmoins, pour les jeunes gens de cette classe qui ont devancé l'appel à l'activité, elle comptera du 1ᵉʳ janvier 1871, conformément au décret du 5 janvier 1871.

Art. 75. Les jeunes gens ne faisant pas partie de la classe de 1871, qui voudraient, avant le 1ᵉʳ janvier 1873, profiter des dispositions des articles 53 et 54 ci-dessus, feront au Ministre de la guerre la demande de contracter un engagement d'un an.

Le règlement prévu par les articles 53 et suivants et les programmes mentionnés en l'article 54 seront publiés avant le 1ᵉʳ novembre prochain ; à partir de cette époque les jeunes gens désignés au 1ᵉʳ § du présent article seront admis soit à contracter leur engagement, soit à passer les examens exigés.

Les jeunes gens des classes de 1872 et suivantes, actuellement sous les drapeaux, par suite d'engagements volontaires, pourront, à partir du 1ᵉʳ janvier 1873, profiter des dispositions des articles 53 et 54.

Le temps passé au service par ces jeunes gens sera, lorsqu'ils auront rempli les obligations déterminées par l'article 56, déduit du temps de service prescrit par l'article 36.

Le temps passé au service par les jeunes gens qui se sont engagés volontairement pour la durée de la guerre sera également déduit du temps de service prescrit par l'article 36.

Art. 76. Les jeunes gens des classes de 1867, 1868, 1869 et 1870, appelés en vertu de la loi du 1ᵉʳ février 1868, qui ont été compris dans le contingent de l'armée, seront, à l'expiration de leur service dans la réserve, placés dans l'armée territoriale, conformément aux dispositions de l'article 36 de la présente loi. Les jeunes gens de ces mêmes classes qui n'ont pas été compris dans le contingent de l'armée, et qui font actuellement partie de la garde nationale mobile, seront, à partir du 1ᵉʳ janvier 1873, placés dans la réserve de l'armée, où ils compteront jusqu'à la libération du service dans la réserve des jeunes gens de la même classe qui ont été compris dans le contingent de l'armée. Ils seront ensuite placés dans l'armée territoriale, conformément aux dispositions de l'article 36 de la présente loi.

Art. 77. Les hommes des classes antérieures appelées en vertu de la loi du 21 mars 1832, qu'ils aient été ou non compris dans les contingents fournis par lesdites classes, feront partie de l'armée territoriale et de la réserve de l'armée territoriale, conformément aux dispositions de l'article 36 de la présente loi, jusqu'à ce qu'ils aient atteint l'âge prescrit par ladite loi pour la libération du service dans l'armée territoriale et dans la réserve de l'armée territoriale.

L'état de recensement des hommes compris dans cette catégorie sera établi conformément aux dispositions de l'article 15 de la loi du 1er février 1868. Ils pourront être appelés par classe, en commençant par les moins anciennes.

Un Conseil de révision par arrondissement, composé ainsi qu'il est dit à l'article 16 de la loi précitée, prononcera sur les cas d'exemptions pour infirmités et défaut de taille qui lui seront soumis.

Art. 78. Les jeunes gens qui, au lieu d'être placés ou maintenus dans la garde nationale mobile, feront partie de la réserve, conformément aux dispositions précédentes, seront soumis à des exercices et revues déterminées par un règlement du Ministre de la guerre.

Art. 79. L'obligation de savoir lire et écrire pour contracter un engagement volontaire dans les armées de terre et de mer ne sera imposée qu'à partir du 1er janvier 1880.

Art. 80. Toutes les dispositions des lois et décrets antérieurs à la présente loi, relatifs au recrutement de l'armée, sont et demeurent abrogés.

Décret du 18 juin 1873 portant règlement d'administration publique pour l'exécution de l'article 37 de la loi du 27 juillet 1872 sur le recrutement de l'armée, et relatif aux permutations entre jeunes gens des armées de terre et de mer.

Vu la loi du 27 juillet 1872, sur le recrutement de l'armée ;
Vu le paragraphe 3 de l'article 37 de cette loi, ainsi conçu :
« Un règlement d'administration publique déterminera les con-

« ditions dans lesquelles pourront avoir lieu les permutations
« entre les jeunes gens affectés à l'armée de mer et ceux de la
« même classe affectés à l'armée de terre ; »

Art. 1er. Les permutations entre les jeunes gens affectés à l'armée de mer et ceux de la même classe affectés à l'armée de terre
qui, à raison de leurs numéros de tirage, doivent être maintenus
sous les drapeaux au delà d'une année, ont lieu avant incorporation et sans accord préalable entre les intéressés, en vertu de décisions prises par le Ministre de la guerre, d'accord avec le Ministre de la marine.

Art. 2. Elles sont limitées aux jeunes gens de la même classe
affectés d'office à l'une ou l'autre armée, à l'exclusion de ceux qui
sont liés au service en vertu d'engagements volontaires, de de-
vancements d'appel, ou qui ont demandé à faire partie du contingent de la marine lors des opérations des conseils de révision.

Art. 3. Le jeune soldat qui désire passer de l'armée de terre
dans l'armée de mer, ou réciproquement, adresse, à cet effet, au
commandant du dépôt de recrutement de son département,
une demande écrite contenant l'indication du corps qu'il choisit.

Le commandant du dépôt transmet au Ministre de la guerre un
état des demandes qu'il a reçues, accompagné pour chacun des
candidats à la permutation pour l'armée de mer, de l'indication
de sa taille, de sa constitution physique et de sa profession.

Art. 4. Ne peuvent, en aucun cas, être présentés pour entrer
dans un corps de la marine, à titre de permutants, les jeunes soldats auxquels les premiers numéros ont été attribués d'office,
préalablement au tirage, en exécution des articles 14 et 60 de la
loi du 27 juillet 1872.

Art. 5. En cas d'inégalité entre les nombres de demandes pro-
venant de jeunes soldats respectivement affectés à l'armée de terre
et à l'armée de mer, il est procédé, après avis préalable, publiquement et par voie du tirage au sort, à la désignation de ceux
qui seront admis au bénéfice de la permutation.

Art. 6. Après que la permutation demandée par un jeune soldat de l'armée de terre, pour passer dans un corps de l'armée de
mer, a été autorisée, il ne peut, sans son consentement, être
changé de corps pour passer des équipages de la flotte dans un des
corps de troupes de la marine, ou réciproquement.

Art. 7. Après l'incorporation, les changements de corps pour
passer d'une armée dans l'autre peuvent, comme précédemment,

être autorisés, après accord entre les Ministres de la guerre et de la marine.

DÉCRET DU 6 SEPTEMBRE 1875. *Qui fixe sur de nouvelles bases la composition du personnel des greffiers et des Commis greffiers des tribunaux de l'armée de terre.*

Art. 1er. Les officiers d'administration greffiers près les conseils de guerre et de révision seront divisés ainsi qu'il suit :

$$42 \begin{cases} 3 \text{ Greffiers principaux.} \\ 9 \quad - \quad \text{de 1}^{re} \text{ classe.} \\ 10 \quad - \quad \text{de 2}^e \text{ classe.} \\ 9 \quad - \quad \text{de 3}^e \text{ classe.} \\ 11 \quad - \quad \text{de 4}^e \text{ classe.} \end{cases}$$

L'un de ces greffiers sera spécialement préposé à la garde et à la conservation des archives des conseils de guerre qui ont eu à juger les affaires de l'insurrection de 1871 et qui ont été supprimés.

Art. 2. Les adjudants commis greffiers titulaires seront divisés en deux classes :

$$(1) \ 70 \begin{cases} 25 \text{ de 1}^{re} \text{ classe, au traitement de 1,500 fr. 00.} \\ 45 \text{ de 2}^e \text{ classe,} \quad - \quad 1,200 \text{ fr. 00.} \end{cases}$$

Art. 3. Sont donnés en totalité au choix :

Les emplois de commis greffier de 2e classe, aux sous-officiers âgés de 25 ans, comptant trois ans de grade et régulièrement proposés (2) ;

Les emplois de commis greffier de 1re classe aux commis greffiers de 2e classe ;

_____

(1) *Décret du 8 février* 1879. Le cadre des adjudants commis greffiers, fixé par l'article 2 du décret du 6 septembre 1875, est modifié ainsi qu'il suit :
Adjudants commis greffiers de 1re classe 35.
Adjudants commis greffiers de 2e classe 45.
(2) Article 29. — Loi du 15 décembre 1875.
Les sous-officiers ayant trois ans de grade de sous-officier qui contractent ou ont contracté, avant l'expiration de leur service dans l'armée active, un rengagement de cinq ans pourront, à l'âge de vingt-cinq ans accomplis, être nommés aux emplois de commis greffiers dans les parquets militaires et de sous-officiers comptables dans les établissements pénitentiaires et les prisons militaires.
Ils seront ensuite maintenus comme commissionnés dans le service de la justice militaire, et jouiront des avantages attachés à leur emploi spécial.
A défaut de candidats remplissant les conditions de l'article 1er de la loi du 24 juillet 1873 (*emplois réservés aux anciens sous-officiers*) et par le présent article, il sera pourvu aux emplois conformément au décret du 29 août 1854.
(V. *Instruction du 16 septembre 1854 à sa date chronologique.*)

Les emplois de greffier de 4ᵉ classe, aux commis greffiers de 1ʳᵉ classe.

Art. 4. Les emplois de greffier de 1ʳᵉ, de 2ᵉ et de 3ᵉ classe continueront d'être donnés aux greffiers de la classe immédiatement inférieure, moitié au choix, moitié à l'ancienneté.

Les emplois de greffier principal sont donnés entièrement au choix.

Art. 5. Nul ne peut passer à une classe supérieure jusqu'au grade de greffier de 1ʳᵉ classe, s'il n'a accompli au moins deux années de service dans la classe immédiatement inférieure.

Les candidats au grade de greffier principal devront compter au moins quatre ans de service effectif dans l'emploi de greffier de 1ʳᵉ classe.

Art. 6. Les propositions aux nouveaux emplois seront faites successivement et proportionnellement aux ressources budgétaires.

A défaut de greffiers principaux, les emplois de leur grade seront remplis par des greffiers de 1ʳᵉ classe.

Loi du 6 novembre 1875 ayant pour objet de déterminer les conditions suivant lesquelles les Français domiciliés en Algérie seront soumis au service militaire.

Art. 1ᵉʳ. Les Français nés en Algérie et qui y ont conservé leur domicile, ceux qui, n'y étant pas nés, y sont domiciliés, ou qui, ayant leurs parents domiciliés sur le territoire continental de la France, ont fixé en Algérie leur résidence habituelle et prennent devant le maire, avant leur inscription sur le tableau de recensement, l'engagement d'y résider dix ans, sont soumis à l'obligation du service militaire personnel imposé à tout Français par la loi du 27 juillet 1872, dans les conditions déterminées par la présente loi.

Art. 2. Chaque année, les tableaux de recensement des Français ayant atteint l'âge de vingt ans révolus pendant l'année précédente et domiciliés dans la commune, sont dressés par le maire ou par le fonctionnaire qui en tient lieu :

1° Sur la déclaration à laquelle sont tenus les jeunes gens, leurs parents ou leurs tuteurs ;

2° D'office, d'après les registres de l'état civil et tous autres documents et renseignements.

Ces tableaux mentionnent, dans une colonne d'observations, la profession de chacun des jeunes gens inscrits.

Ils sont publiés et affichés dans les formes prescrites par les articles 63 et 64 du Code civil. La dernière publication doit avoir lieu le 15 janvier au plus tard.

Art. 3. Les individus qui se trouvent dans les conditions de l'article 9 du Code civil, de l'article 2 de la loi du 7 février 1851, ou de l'article 1er de la loi du 16 décembre 1874, sont portés sur les tableaux de recensement dans l'année qui suit celle de leur majorité, lorsqu'ils ont acquis la qualité de Français.

Après avoir passé sous les drapeaux le temps déterminé par l'article 28 de la présente loi, ces jeunes gens ne sont plus assujettis qu'aux obligations de service restant à accomplir à la classe à laquelle ils appartiennent par leur âge. .

Art. 4. Sont considérés comme domiciliés dans la commune :

1° Les jeunes gens, même émancipés, engagés, absents ou en état d'emprisonnement, si, d'ailleurs, leurs père, mère ou tuteur y ont leur domicile ;

2° Les jeunes gens mariés dont le père, ou la mère à défaut du père, sont domiciliés dans la commune, à moins qu'ils ne justifient de leur domicile réel dans une autre commune ;

3° Les jeunes gens mariés et domiciliés dans la commune, alors même que leur père ou leur mère n'y seraient pas domiciliés;

4° Les jeunes gens nés en Algérie et résidant dans la commune, qui n'ont ni père, ni mère, ni tuteur.

Art. 5. Sont, d'après la notoriété publique, considérés comme ayant l'âge requis, les jeunes gens qui ne peuvent produire ou n'ont pas produit, avant les opérations du Conseil de révision, un extrait des registres de l'état civil constatant un âge différent, ou qui, à défaut de registres, ne peuvent prouver ou n'ont pas prouvé leur âge, conformément à l'article 46 du Code civil.

Art. 6. Si, dans les tableaux de recensement, des jeunes gens ont été omis, ils sont inscrits sur les tableaux de recensement de la classe qui est appelée après la découverte de l'omission, à moins qu'ils n'aient trente ans accomplis à l'époque de la publication de ces tableaux.

Après cet âge, ils sont soumis aux obligations de la classe à laquelle ils appartiennent.

Art. 7. Les tableaux de recensement dressés en exécution de l'article 2 de la présente loi sont envoyés en double expédition, par les maires ou par les fonctionnaires qui en tiennent lieu, au préfet du département, qui est chargé de recevoir et d'instruire toutes les réclamations des jeunes gens.

Art. 8. Les exemptions prévues par l'article 16 et les dispenses du service d'activité en temps de paix aux divers titres énumérés dans l'article 17 de la loi du 27 juillet 1872 sont applicables aux jeunes gens appelés à satisfaire au service militaire dans les conditions de la présente loi.

Art. 9. Sont, à titre conditionnel, dispensés du service militaire :

1° Les membres de l'instruction publique, les élèves de l'École normale supérieure de Paris ;

2° Les professeurs des institutions nationales des sourds-muets et des institutions nationales des jeunes aveugles ;

3° Les membres et novices des institutions religieuses vouées à l'enseignement et reconnues comme établissements d'utilité publique, et les directeurs, maîtres adjoints, élèves maîtres des écoles fondées ou entretenues par les associations laïques, lorsqu'elles remplissent les mêmes conditions et qu'elles existent depuis plus de deux ans ou renferment trente élèves au moins ;

4° Les jeunes gens qui, sans être compris dans les paragraphes précédents, se trouvent dans les cas prévus par l'article 79 de la loi du 15 mars 1850 et par l'article 18 de la loi du 10 avril 1867.

Ces jeunes gens devront, avant les opérations du Conseil de révision, contracter devant le recteur de l'académie l'engagement de se vouer pendant dix ans à la carrière de l'enseignement.

Cet engagement peut être réalisé par les instituteurs et par les instituteurs adjoints mentionnés au paragraphe 3 du présent article, tant dans les écoles publiques que dans les écoles libres désignées à cet effet par le Ministre de l'instruction publique, après avis du Conseil départemental ;

5° Les artistes qui ont remporté les grands prix de l'Institut, à la condition qu'ils passeront à l'École de Rome les années réglementaires et rempliront toutes leurs obligations envers l'État ;

6° Les élèves pensionnaires de l'École des langues orientales vivantes et les élèves de l'École des Chartes nommés après examen, à la condition de passer dix ans tant dans lesdites écoles que dans un service public ;

7° Les élèves ecclésiastiques désignés à cet effet par les archevêques et par les évêques, et les jeunes gens autorisés à continuer leurs études pour se vouer au ministère dans les cultes salariés par l'État, sous la condition qu'ils seront assujettis au service militaire s'ils cessent les études en vue desquelles ils auront été dispensés, ou si, à vingt-six ans, les premiers ne sont pas entrés dans les ordres majeurs, et les seconds n'ont pas été consacrés ou reçus rabbins.

Art. 10. Les jeunes gens dispensés, à titre conditionnel, du service militaire, qui cessent d'être dans une des positions indiquées à l'article précédent, avant d'avoir accompli les conditions qu'il leur impose, sont tenus :

1° D'en faire la déclaration au maire de la commune dans les deux mois, et de retirer copie de leur déclaration ;

2° De passer sous les drapeaux le temps déterminé par la présente loi, et de satisfaire ensuite aux obligations restant à accomplir à la classe à laquelle ils appartiennent.

Faute par eux de faire la déclaration ci-dessus et de la soumettre au visa du préfet dans le délai d'un mois, ils sont passibles des peines édictées par l'article 60 de la loi du 27 juillet 1872. Ils sont rétablis dans la première classe appelée après la cessation de leurs services, fonctions ou études; mais le temps écoulé depuis la cessation de leurs services, fonctions ou études jusqu'au moment de leur déclaration, ne leur est pas compté.

Art. 11. Les élèves de l'École polytechnique et les élèves de l'École forestière sont considérés comme présents sous les drapeaux pendant le temps par eux passé dans lesdites écoles.

Ceux de ces jeunes gens qui ont satisfait aux examens de sortie et ne sont pas placés dans les armées de terre ou de mer, reçoivent l'application de l'article 36 de la loi du 24 juillet 1873 et de l'article 39 de la loi du 13 mars 1875.

Ceux qui ne satisfont pas aux examens de sortie desdites écoles et qui conservent leur domicile en Algérie ne sont pas appelés sous les drapeaux, mais restent assujettis aux autres obligations imposées aux jeunes gens de la classe sur les tableaux du recensement de laquelle ils figurent.

Art. 12. Peuvent être ajournés, deux années de suite, à un nouvel examen, les jeunes gens qui, au moment de la réunion du Conseil de révision, n'ont pas la taille de 1^m,54 ou sont reconnus trop faibles de complexion pour un service armé.

Les jeunes gens ainsi ajournés sont tenus, à moins d'une autorisation spéciale, de se représenter au Conseil de révision devant lequel ils ont comparu.

Après l'examen définitif, ils sont ou exemptés ou classés, soit dans le service armé, soit dans le service auxiliaire. Ceux qui ont été classés dans le service armé sont appelés à passer sous les drapeaux le temps fixé par l'article 28 de la présente loi, et ils suivent ensuite le sort de leur classe.

Art. 13. Peuvent être dispensés, à titre provisoire, conformément à l'article 22 de la loi du 27 juillet 1872, comme soutiens indispensables de famille, les jeunes gens qui en remplissent effectivement les devoirs.

La liste est présentée au Conseil de révision par le maire.

Ces dispenses peuvent être accordées par département jusqu'à concurrence de huit pour cent du nombre des jeunes gens reconnus propres au service, et compris dans la première partie de la liste arrêtée par le Conseil de révision en vertu de l'article 21 de la présente loi.

Pourront être renvoyés dans leurs foyers après six mois de service, par décision du gouverneur général, les jeunes gens habitant les fermes et les agglomérations rurales isolées.

Art. 14. En temps de paix, il peut être accordé des sursis d'appel aux jeunes gens qui en font la demande un mois au moins avant l'époque fixée pour la réunion du Conseil de révision.

A cet effet, ils doivent établir que, soit pour leur apprentissage, soit pour les besoins de l'exploitation agricole, industrielle ou commerciale à laquelle ils se livrent pour leur compte ou pour celui de leurs parents, il est indispensable qu'ils ne soient pas enlevés immédiatement à leurs travaux.

Ce sursis d'appel ne confère ni exemption, ni dispense ; il n'est accordé que pour un an et peut néanmoins être renouvelé pour une seconde année.

Le jeune homme qui a obtenu un sursis d'appel est tenu, à l'expiration de ce sursis, de satisfaire à toutes les obligations imposées par l'article 28 de la présente loi.

Art. 15. Les demandes de sursis adressées au maire sont instruites par lui. Elles sont remises au Conseil de révision par le préfet, qui y joint, avec ses observations, tous les documents nécessaires.

Les sursis d'appel peuvent être accordés pour chaque département et par classe, jusqu'à concurrence de quatre pour cent du nombre des jeunes gens reconnus propres au service et compris dans la première partie des listes du recrutement.

Art. 16. Il est institué dans chaque département de l'Algérie un Conseil de révision composé :

Du préfet, président, ou, à son défaut, du secrétaire général ou d'un conseiller de préfecture délégué par le préfet ;

D'un conseiller de préfecture, désigné par le préfet ;

D'un membre du Conseil général ;

D'un deuxième membre du Conseil général, remplaçant le conseiller d'arrondissement jusqu'à ce que les Conseils d'arrondissement soient institués en Algérie ;

Les deux conseillers généraux désignés par la commission permanente du Conseil général, conformément à l'article 82 de la loi du 10 août 1871 et l'article 77 du décret du 23 septembre 1875 ;

Et d'un officier général ou supérieur désigné par l'autorité militaire.

Un membre de l'intendance, un officier remplissant les fonctions de commandant du dépôt de recrutement, et un médecin militaire, ou, à son défaut, un médecin civil désigné par l'autorité militaire, assistent aux opérations du Conseil de révision.

Le membre de l'intendance est entendu, dans l'intérêt de la loi, toutes les fois qu'il le demande, et peut faire consigner ses observations au registre des délibérations.

Le gouverneur général civil de l'Algérie déterminera, en Conseil du gouvernement, les localités où, dans chaque département, le Conseil de révision devra se transporter, et les portions de territoire qui ressortent de chacune de ces localités.

Les maires des communes auxquelles appartiennent les jeunes gens appelés assistent aux séances et peuvent être entendus.

Toutes les décisions sont rendues en séance publique, à la majorité des voix des membres présents.

En cas de partage, la voix du Président est prépondérante.

Art. 17. Les jeunes gens portés sur les tableaux de recensement, ainsi que les jeunes gens des classes précédentes qui ont été ajournés conformément à l'article 12 ci-dessus, sont convoqués, examinés et entendus par le Conseil de révision.

S'ils ne se rendent pas à la convocation, ou s'ils ne se font pas représenter, ou s'ils n'obtiennent pas un délai, il est procédé comme s'ils étaient présents.

Art. 18. Le Conseil de révision statue sur les réclamations auxquelles donne lieu l'établissement des tableaux de recensement.

Il prononce la radiation desdits tableaux :

1° Des jeunes gens qui se trouvent dans un des cas d'exclusion des rangs de l'armée prévus par l'article 7 de la loi du 27 juillet 1872 ;

2° Des jeunes gens qui auraient été inscrits contrairement aux prescriptions de l'article 1er de la présente loi.

Il statue sur les demandes d'exemption ou de dispense présentées en exécution de l'article 8 ci-dessus.

Dans le cas d'exemption, le Conseil ne prononce qu'après avoir entendu le médecin désigné pour l'assister.

Les cas de dispense sont jugés sur la production de documents authentiques et sur des certificats dressés par le maire ou celui qui en fait fonction, assisté de deux témoins domiciliés dans la même commune que le réclamant.

Art. 19. Lorsque les jeunes gens portés sur les tableaux de recensement ont fait des réclamations dont l'admission ou le rejet dépend des décisions à intervenir sur des questions judiciaires relatives à leur état ou à leurs droits civils, le Conseil de révision ajourne sa décision ou ne prend qu'une décision conditionnelle.

Les questions sont jugées contradictoirement avec le préfet, à la requête de la partie la plus diligente. Les tribunaux statuent sans délai, le ministère public entendu.

Art. 20. Hors les cas prévus par l'article précédent, les décisions du Conseil de révision sont définitives. Elles peuvent néanmoins être attaquées devant le Conseil d'État pour incompétence et excès de pouvoir.

Elles peuvent aussi être attaquées pour violation de la loi, mais par le Ministre de la guerre seulement, et dans l'intérêt de la loi. Toutefois, l'annulation profite aux parties lésées.

Art. 21. Après que le Conseil de révision a statué sur les questions auxquelles peut donner lieu l'examen des tableaux de recensement sur les cas d'exemption et sur ceux de dispense, la liste du recrutement par commune est définitivement arrêtée et signée par tous les membres du Conseil.

Cette liste divisée en cinq parties, comprend :

1° Tous les jeunes gens déclarés propres au service militaire et qui ne doivent pas être classés dans les catégories suivantes ;

2° Tous les jeunes gens dispensés du service d'activité en temps de paix, en exécution de l'article 8 de la présente loi ;

3° Tous les jeunes gens conditionnellement dispensés en vertu de l'article 9, les élèves des Écoles polytechnique et forestière, ainsi que les jeunes gens liés au service en vertu d'un engagement volontaire, d'un brevet ou d'une commission, et les inscrits maritimes;

4° Les jeunes gens qui, pour défaut de taille ou pour tout autre cause, ont été dispensés du service dans l'armée active, mais ont été reconnus aptes à faire partie d'un des services auxiliaires de l'armée ;

5° Enfin, les jeunes gens qui ont été ajournés à un nouvel examen du Conseil de révision.

Art. 22. Quand les listes du recrutement de toutes les communes ont été arrêtées conformément aux prescriptions de l'article précédent, le Conseil de révision, auquel sont adjoints deux autres membres du Conseil général également désignés par la commission permanente du Conseil général, prononce sur les demandes de dispense pour soutiens de famille et sur les demandes de sursis d'appel.

Les dispositions de l'article 25 de la loi du 27 juillet 1872 sont du reste applicables aux jeunes gens dispensés ou qui ont obtenu des sursis d'appel en vertu du présent article.

Art. 23. Il est tenu par département ou par circonscriptions déterminées dans chaque département par le gouverneur général civil de l'Algérie, un registre matricule dressé au moyen des listes mentionnées en l'article 21 ci-dessus, et sur lequel sont portés tous les jeunes gens qui n'ont pas été déclarés impropres à tout service militaire ou qui n'ont pas été ajournés à un nouvel examen du Conseil de révision.

Ce registre mentionne l'incorporation de chaque homme inscrit, ou la position dans laquelle il est laissé, et successivement tous les changements qui peuvent survenir dans sa situation jusqu'à ce qu'il passe dans l'armée territoriale.

Art. 24. Tout homme inscrit sur le registre matricule, qui change de domicile, est tenu de faire la déclaration à la mairie de la commune qu'il quitte et à la mairie du lieu où il vient s'établir.

Le maire de chacune des communes, où celui qui en remplit les fonctions, transmet, dans les huit jours, copie de ladite déclaration au bureau du registre matricule de la circonscription dans laquelle se trouve la commune.

Art. 25. Tout homme inscrit sur le registre matricule, qui entend se fixer en pays étranger, est tenu dans sa déclaration à la mairie de la commune où il réside, de faire connaître le lieu où il va établir son domicile, et, dès qu'il y est arrivé, d'en prévenir l'agent consulaire de France.

Le maire de la commune transmet, dans les huit jours, copie de ladite déclaration au bureau du registre matricule de la circonscription dans laquelle se trouve sa commune.

L'agent consulaire, dans les huit jours de la déclaration, en envoie copie au Ministre de la guerre.

Le Français domicilié en Algérie qui quitte la colonie sans esprit de retour avant l'âge de vingt-neuf ans, ou avant d'avoir rempli les conditions de l'engagement prévu par l'article 1ᵉʳ de la présente loi, est tenu d'accomplir le temps de service actif prescrit par la loi du 27 juillet 1872, déduction faite du temps qu'il aura déjà passé sous les drapeaux.

Il reste ensuite assujetti aux obligations que la classe dont il fait partie par son âge a encore à remplir aux termes de la loi du 27 juillet 1872.

Art. 26. Tout homme qui n'est pas déclaré impropre à tout service militaire, fait partie de l'armée active ou de la réserve de l'armée active pendant neuf années, à l'expiration desquelles il est tenu de servir dans l'armée territoriale, conformément aux prescriptions des 4ᵉ, 5ᵉ, 8ᵉ et 9ᵉ alinéas de l'article 36 de la loi du 27 juillet 1872.

Art. 27. Pour l'organisation de l'armée territoriale, l'Algérie sera divisée, par des arrêtés du gouverneur général, en circonscriptions de régions.

Les hommes au-dessus de quarante ans pourront, en cas d'insurrection et si les ressources fournies par la réserve de l'armée active et par l'armée territoriale, sont insuffisantes, être appelés au service et incorporés dans l'armée territoriale.

Art. 28. La durée du service compte du 1ᵉʳ avril de l'année où les jeunes gens ont été inscrits sur les tableaux de recensement.

Le temps de présence effective sous les drapeaux est d'une année à partir de l'appel, qui ne pourra être retardé au delà du 1ᵉʳ septembre de la même année.

Les jeunes soldats font leur service dans les corps stationnés en Algérie. Exceptionnellement et par mesure d'ordre, le Ministre de la guerre, sur la proposition du gouverneur général, pourra envoyer dans les corps de troupe du midi de la France, pour y faire leur année de service, un certain nombre de ces jeunes gens d'origine indigène.

A l'expiration de leur année de service effectif, les jeunes gens sont renvoyés dans leurs foyers et inscrits sur les contrôles de la réserve.

Toutefois, le militaire qui, après l'année de service ci-dessus mentionnée, ne sait pas lire et écrire et ne satisfait pas aux examens déterminés par le Ministre de la guerre, peut être maintenu au corps pendant une seconde année.

Ceux qui auront justifié d'une capacité suffisante, c'est-à-dire qui auront subi avec succès les examens de fin d'année exigés des volontaires d'un an, pourront obtenir des brevets de sous-officiers ou des commissions équivalentes.

Les jeunes gens compris dans la catégorie déterminée par le paragraphe précédent, pourront, en restant une année de plus, soit dans l'armée active, soit dans une école désignée par le Ministre de la guerre, et après avoir subi les examens mentionnés en l'article 38 de la loi du 24 juillet 1873, obtenir un brevet de sous-lieutenant auxiliaire ou une commission équivalente.

Art. 29. Les hommes envoyés dans la réserve sont immatriculés, d'après le mode prescrit par la loi d'organisation du 24 juillet 1873, dans les corps ou portions de corps qui sont le plus spécialement destinés à la défense de la colonie.

L'appel de la réserve peut être fait par classe, en commençant par la moins ancienne.

Le gouverneur général de l'Algérie règle par des arrêtés et suivant les localités et les circonstances, les manœuvres auxquelles les hommes de la réserve en Algérie doivent prendre part.

En cas d'urgence, le gouverneur général civil de l'Algérie peut prendre l'initiative des ordres à donner pour la mobilisation.

Art. 30. Les hommes de la réserve peuvent se marier sans autorisation.

Les hommes mariés restent soumis aux obligations de service imposées aux classes auxquelles ils appartiennent.

Toutefois, les hommes de la réserve qui sont pères de quatre enfants vivants passent de droit dans l'armée territoriale.

Art. 31. Les dispositions des articles 46, 47, 50 et 51 de la loi du 27 juillet 1872, relatifs aux engagements volontaires et aux rengagements sont applicables aux jeunes gens dont il est fait mention à l'article 1ᵉʳ.

Le temps de service exigé par la présente loi leur sera compté à partir du jour de leur engagement.

Néanmoins, les jeunes gens qui n'ont pas encore satisfait à la loi sur le recrutement pourront contracter en Algérie, au titre des corps qui s'y trouvent stationnés, un engagement volontaire pour la durée d'une année, s'ils remplissent les conditions de l'article 1ᵉʳ de la présente loi.

Ils feront leur année de service dans les conditions de la classe appelée au moment de leur incorporation.

Ces engagements ne pourront se contracter qu'au moment de l'appel d'une classe.

Pour ceux de ces jeunes gens qui termineront leur engagement avant d'avoir été inscrits sur les tableaux de recensement de leur classe, le temps de service dans la réserve commencera à courir de l'expiration dudit engagement.

Les dispositions des lois des 27 juillet 1872 et 24 juillet 1873 concernant le volontariat d'un an sont également applicables à l'Algérie.

Art. 32. Les dispositions pénales de la loi du 27 juillet 1872 et de l'article 230 du Code de justice militaire, modifié par la loi du 18 mai 1875, sont applicables aux hommes que concerne la présente loi, en tant qu'elles n'y sont pas contraires.

Les délais d'insoumission déterminés par le paragraphe 3 de l'article précité, sont modifiés de la manière suivante :

1° Un mois, si l'homme au domicile duquel un ordre d'appel a été notifié demeure en Algérie ;

2° Deux mois, s'il demeure en France, dans les îles voisines des contrées limitrophes ou en Europe;

3° Six mois, s'il demeure dans tout autre pays.

En temps de guerre ou en cas de mobilisation par voie d'affiches et de publication sur la voie publique, les délais ci-dessus sont réduits :

1° A quatre jours, pour les hommes habitant l'Algérie ;

2° A un mois, pour les hommes habitant la France, les îles voisines des contrées limitrophes ou l'Europe ;

3° Trois mois, pour ceux qui habitent dans tout autre pays.

Art. 33. Les jeunes gens de vingt à trente ans, remplissant les conditions déterminées par l'article 1ᵉʳ de la présente loi, qui ont concouru en France au tirage au sort et qui sont compris dans la portion du contingent appelée à passer cinq années sous les drapeaux, seront, sur leur demande, renvoyés dans leurs foyers après une année de service et inscrits sur les contrôles de la réserve de l'Algérie.

Les hommes âgés de moins de quarante ans, qu'ils aient ou n'aient pas figuré sur le tableau de recensement de leur classe en France, seront inscrits dans l'armée territoriale.

Art. 34. Le décret du 9 novembre 1859, relatif à l'organisation des milices en Algérie, est abrogé.

Ces milices seront dissoutes par des arrêtés du gouverneur général civil et leurs armes déposées dans les arsenaux de l'État, sauf indemnités pour celles qui seront reconnues la propriété des départements ou des communes.

Sont exceptées de cette mesure les compagnies de sapeurs-pompiers, qui continueront à être régies par le décret précité du 9 novembre 1859, jusqu'à ce qu'un décret ait pourvu à leur réorganisation.

Tout corps organisé en armes est soumis aux lois militaires, fait partie de l'armée et relève de celui qui la commande.

Art. 35. Il sera remis chaque année aux deux Chambres, par le Ministre de la guerre, un compte-rendu détaillé de l'application de la présente loi au recrutement de l'armée en Algérie pendant l'année précédente.

Art. 36. La présente loi est exécutoire à partir du 1er janvier 1876.

Loi du 18 novembre 1875 ayant pour objet de coordonner les lois des 27 juillet 1872, 24 juillet 1873, 13 mars (1), 19 mars et 6 novembre 1875, avec le Code de justice militaire.

Art. 1er. Sont assujettis aux obligations spéciales imposées par la présente loi, lorsqu'ils ont été laissés dans leurs foyers ou lorsqu'ils y ont été renvoyés après avoir passé sous les drapeaux :

1° Les hommes de tous grades appartenant à un titre quelconque à la disponibilité ou à la réserve de l'armée active ;

2° Ceux appartenant à l'armée territoriale ou à sa réserve, ainsi qu'aux cadres et aux divers services de cette armée ;

---

(1) Loi sur les cadres et effectifs de l'armée active et de l'armée territoriale.

3° Ceux appartenant aux corps organisés ou qui peuvent être organisés en vertu de l'article 8 de la loi du 24 juillet 1873 ;

4° Et, en général, en dehors des hommes de l'armée active en activité de service, tous ceux mis à la disposition du Ministre de la guerre par les lois qui régissent l'armée.

TITRE PREMIER

OBLIGATIONS.

Art. 2. Les hommes désignés à l'article 1ᵉʳ qui précède, sont tenus, lorsqu'ils changent de domicile, d'en faire la déclaration dans les formes prescrites par les articles 34 et 35 de la loi du 27 juillet 1872. Il leur est délivré, au point de départ et au point d'arrivée, récépissé de leur déclaration.

Ils devront également, au point de départ et au point d'arrivée, faire viser par le commandant de la gendarmerie le titre qui leur aura été délivré, ainsi qu'il est dit à l'article 5 de la présente loi.

Lorsqu'après s'être établis à l'étranger ils reviennent se fixer en France, ils sont tenus aux mêmes déclarations.

Art. 3. Lorsqu'ils changent de résidence sans changer de domicile, ils sont tenus d'en faire la déclaration, dans un délai de deux mois, verbalement ou par écrit, au commandant de la gendarmerie de la localité où ils sont venus résider. Il leur en est donné récépissé.

Lorsque, sans changer de domicile ou de résidence, ils se déplacent pour voyager pendant plus de deux mois, leur déclaration doit être faite au commandant de la gendarmerie de la localité qu'ils quittent.

A l'étranger, les déclarations de changement de résidence ou de déplacement pour voyager, sont faites aux agents consulaires.

Pour ces absences de moins de deux mois, toutes ces déclarations sont facultatives.

Art. 4. En cas d'appel à l'activité ou de convocation pour des manœuvres, exercices ou revues, des délais supplémentaires pour rejoindre sont accordés, en raison de la distance à parcourir, aux hommes qui ont fait les déclarations prévues par les articles 2 et 3 qui précèdent.

Ceux qui n'ont point fait ces déclarations sont considérés comme n'ayant pas changé de domicile ou de résidence. Dans aucun cas, ils ne peuvent invoquer leur absence pour se justifier de n'avoir pas obéi aux ordres de l'autorité militaire.

A l'étranger, ces ordres leur sont transmis par les soins des agents consulaires.

Art. 5. Les hommes désignés à l'article 1er de la présente loi sont tenus, sur toute réquisition, soit de l'autorité militaire, soit des autorités civiles ou judiciaires, de représenter le certificat dont il est parlé à l'article 38 de la loi du 27 juillet 1872, ou le titre, quel qu'il soit constatant leur position, au point de vue du service militaire, qui leur aura été délivré.

En cas d'appel à l'activité ou de convocation pour des manœuvres, exercices ou revues, la représentation de l'une des pièces dont il s'agit doit avoir lieu dans les vingt-quatre heures de la réquisition.

En tout autre cas, le délai est de huit jours.

Art. 6. Ils doivent s'éloigner de tout rassemblement tumultueux et contraire à l'ordre public.

Le fait seul de s'y trouver en armes ou revêtus d'effets d'uniforme et d'y demeurer, contrairement aux ordres des agents de l'autorité ou de la force publique, les constitue en état de rébellion et les rend passibles des peines édictées à l'article 225 du Code de justice militaire.

Art. 7. Lorsqu'ils sont revêtus d'effets d'uniforme, ils doivent à tout supérieur hiérarchique en uniforme les marques extérieures de respect prescrites par les règlements, et sont considérés, sous tous les rapports, comme des militaires en congé.

Art. 8. En temps de paix, des dispenses de se rendre aux manœuvres, exercices ou revues, peuvent être accordées par le Ministre de la guerre aux hommes fixés ou voyageant à l'étranger, lorsqu'ils ont fait les déclarations prescrites par les articles 2 et 3 de la présente loi.

Les demandes de dispense sont faites avant le départ ou transmises par les agents consulaires au commandant de la circonscription militaire à laquelle appartiennent les intéressés.

Les dispenses sont accordées pour une durée déterminée. Elles peuvent être renouvelées.

Art. 9. Ceux des hommes désignés à l'article 1er de la présente loi, qui sont employés dans les services publics et dans les chemins de fer, ou qui font partie des compagnies de sapeurs-pompiers des places fortes, sont dispensés de rejoindre immédiatement, en cas de convocation par voie d'affiches et de publications sur la voie publique.

En cas de mobilisation, ils attendent au poste qu'ils occupent les ordres de l'autorité militaire. Ils sont alors soumis à la juridiction des tribunaux militaires, par application des dispositions de l'article 57 du Code de justice militaire, sauf les exceptions déterminées par le Ministre de la guerre.

TITRE II

JURIDICTIONS.

Art. 10. Sont justiciables des tribunaux militaires, en temps de paix comme en temps de guerre, pour tous crimes et délits commis pendant la durée de leurs fonctions, les officiers, sous-officiers, brigadiers ou caporaux, appartenant à l'effectif permanent et soldé de l'armée territoriale, prévu par le 3e paragraphe de l'article 29 de la loi du 24 juillet 1873, et dont la composition est déterminée par le tableau 1 annexé à la loi du 13 mars 1875.

Art. 11. Sont également justiciables des tribunaux militaires, en temps de paix comme en temps de guerre, pour tous les crimes et délits, les hommes désignés à l'article 1er de la présente loi :

1° En cas de mobilisation, à partir du jour de leur appel à l'activité jusqu'à celui où ils sont renvoyés dans leurs foyers :

2° Hors le cas de mobilisation, lorsqu'ils sont convoqués pour les manœuvres, exercices ou revues, depuis l'instant de leur réunion en détachement pour rejoindre, ou de leur arrivée à destination, s'ils rejoignent isolément, jusqu'au jour où ils sont renvoyés dans leurs foyers ;

3° Lorsqu'ils sont placés dans les hôpitaux militaires ou dans les salles des hôpitaux civils affectées aux militaires et lorsqu'ils voyagent, comme militaires, sous la conduite de la force publique ou qu'ils se trouvent détenus dans les établissements, prisons et pénitenciers militaires.

Art. 12. Ils sont toujours justiciables des tribunaux militaires :

1° Pour les faits d'insoumission ;

2° Pour tous les crimes et délits prévus au titre II du livre IV du Code de justice militaire, lorsqu'ils se trouvent dans les cas prévus par l'article 9 de la présente loi, ou lorsque, au moment où les faits incriminés ont été commis, les délinquants étaient revêtus d'effets d'uniforme.

Art. 13. Ils sont encore justiciables des tribunaux militaires, en temps de paix comme en temps de guerre, pour les crimes et délits prévus par les articles du Code de justice militaire énumérés à l'article 18 de la présente loi, lorsqu'après avoir été appelés sous les drapeaux ils ont été renvoyés dans leurs foyers.

Toutefois, les hommes appartenant à l'armée territoriale ou à la réserve de cette armée ne sont plus justiciables des tribunaux militaires, en temps de paix, pour les crimes et délits prévus par le paragraphe précédent, lorsqu'ils ont été renvoyés dans leurs foyers depuis plus de six mois, à moins que, au moment où les faits incriminés ont été commis, les délinquants fussent revêtus d'effets d'uniforme.

Art. 14. Les dispositions des articles précédents, en vertu desquelles est établie la compétence des tribunaux militaires, s'appliquent selon les distinctions établies et sous la réserve des exceptions portées au livre II du Code de justice militaire.

Art. 15. En temps de paix comme en temps de guerre, les hommes désignés à l'article 1ᵉʳ de la présente loi sont, en dehors des cas spécifiés aux articles 11, 12 et 13 ci-dessus, justiciables des tribunaux ordinaires, pour tous crimes et délits prévus et punis par les lois pénales, ainsi que pour les infractions contre les obligations spéciales qui leur sont imposées par le titre Iᵉʳ et par l'article 24 de la présente loi, lorsque ces infractions constituent des délits.

Art. 16. Sont laissées à la répression directe de l'autorité militaire, pour être l'objet de punitions disciplinaires prononcées par les officiers généraux ou supérieurs dans le commandement desquels les délinquants sont placés, les infractions contre le devoir militaire ci-après énumérées, lorsqu'elles ne constituent ni crimes ni délit :

1° Les infractions contre les obligations spéciales imposées par la présente loi aux hommes désignés à l'article 1ᵉʳ ;

2° Leur retard non justifié, en cas de convocation pour des manœuvres, exercices ou revues ;

3° Les infractions qu'ils commettent contre la discipline, lorsqu'ils sont revêtus d'effets d'uniforme ;

4° Tout acte de désobéissance aux ordres de l'autorité militaire donnés en exécution des lois qui les régissent.

Les dispositions relatives à ces diverses infractions feront l'objet d'un règlement spécial approuvé par le Président de la République (1).

TITRE III

PÉNALITÉS.

Art. 17. Toutes les dispositions contenues au livre IV du Code de justice militaire sont applicables :

1° Au personnel désigné à l'article 10 de la présente loi ;

2° Aux hommes désignés à l'article 1er de la présente loi, lorsque, en vertu des articles 11 et 12 de cette loi, ils sont justiciables des tribunaux militaires.

Toutefois, des circonstances atténuantes pourront être admises, alors même que le Code de justice militaire ne les prévoit pas, en faveur des hommes qui, n'ayant pas trois mois de présence sous les drapeaux, se trouveront dans l'une des positions indiquées aux deux derniers paragraphes de l'article 11, ou dans les cas prévus par l'article 12.

Art. 18. Les crimes et délits dont il est parlé à l'article 13 ci-dessus, sont ceux prévus et punis par les articles du Code de justice militaire énumérés dans le tableau ci-après.

L'application de ces articles est faite aux inculpés sous la réserve des dispositions spéciales indiquées audit tableau.

En cas de déclaration de culpabilité, des circonstances atténuantes peuvent être admises, alors même que le Code de justice militaire ne les prévoit pas, en faveur des hommes ayant moins de trois mois de présence sous les drapeaux ou qui auraient été renvoyés dans leurs foyers depuis plus de six mois.

TABLEAU des articles du Code de justice militaire (Livre IV, Titre II) applicables dans les cas prévus par l'article 13 de la présente loi.

Art. 204, 205, 206, 208. — *Trahison, espionnage et embauchage.*
Art. 219 (paragraphe 1er). *Violation de consigne.*

_____

(1) V. Décret du 16 mars 1878, p. 1245.

Art. 220. — *Violence envers une sentinelle.* — L'article 220 ne sera applicable aux hommes renvoyés dans leurs foyers depuis plus de six mois, que s'ils étaient, au moment du fait incriminé, revêtus d'effets d'uniforme.

Art. 223 *et* 224. — *Voies de fait et outrages envers un supérieur.* — Pour l'application du premier paragraphe de chacun de ces articles, le fait incriminé ne sera considéré comme ayant eu lieu à l'occasion du service, que s'il est le résultat d'une vengeance contre un acte d'autorité légalement exercé.

Le deuxième paragraphe de ces mêmes articles ne sera applicable, par dérogation à l'article 12 de la présente loi, que dans les cas où le supérieur et l'inférieur seraient l'un et l'autre revêtus d'uniforme.

Art. 225. — *Rébellion.* — Cet article n'est applicable qu'aux hommes en armes ou revêtus d'effets d'uniforme, et, en outre, dans les cas prévus par l'article 77 du Code de justice militaire.

Art. 226, 228, 229. — *Abus d'autorité.* — Pour l'application de l'article 229, il est nécessaire, par dérogation à l'article 12 de la présente loi, que le supérieur et l'inférieur soient l'un et l'autre revêtus d'effets d'uniforme.

Art. 242. (1er paragraphe). — *Provocation à la désertion.*

Art. 248. — *Vol.* — L'avant-dernier paragraphe de cet article n'est applicable que si le délinquant était logé militairement dans la maison où il.a commis le vol.

Art. 249. — *Blessures faites à un blessé pour le dépouiller.*

Art. 250, 251, 252, 253, 254, 255. — *Pillage, destruction, dévastation d'édifices.*

Art. 256. — *Meurtre chez l'habitant.* — Cet article est applicable sous la réserve indiquée ci-dessus pour l'article 248.

Art. 266. — *Port illégal d'insignes.* — Cet article n'est applicable qu'en cas de port illégal, soit d'effets d'uniforme militaire, soit d'insignes, décorations ou médailles sur des effets d'uniforme militaire.

Art. 19. Lorsque, par application de la faculté accordée par les articles 17 et 18 de la présente loi, les tribunaux militaires auront admis des circonstances atténuantes en faveur des inculpés de crimes ou délits pour lesquels le Code de justice militaire ne les prévoit pas, les peines prononcées par ce Code seront modifiées ainsi qu'il suit :

Si la peine prononcée par la loi est celle de la mort, le Conseil de guerre appliquera la peine des travaux forcés à perpétuité ou celle des travaux forcés à temps, sauf dans les cas prévus par les articles 209, 210, 211, 213, 217, 218, 220, 222, 223, 226, 227 et 228, où la peine appliquée sera celle de la détention. — Dans le cas de l'article 221, la peine appliquée sera celle des travaux forcés à perpétuité, des travaux forcés à temps, ou de la détention, suivant les circonstances.

Si la peine est celle des travaux forcés à perpétuité, le Conseil de guerre appliquera la peine des travaux forcés à temps ou celle de la réclusion.

Si la peine est celle des travaux forcés à temps, le Conseil de guerre appliquera la peine de la réclusion, de la dégradation militaire ou un emprisonnement de deux ans à cinq ans.

Si la peine est celle de la détention ou de la réclusion, le Conseil de guerre appliquera la peine de la dégradation militaire ou un emprisonnement de un an à cinq ans.

Toutefois, si la peine prononcée par la loi est le maximum d'une peine afflictive, le Conseil de guerre pourra toujours appliquer le minimum de cette peine.

Si la peine est celle de la dégradation militaire, le Conseil de guerre appliquera un emprisonnement de trois mois à deux ans.

Si la peine est celle des travaux publics, le Conseil de guerre appliquera un emprisonnement de deux mois à cinq ans.

Dans tous les cas où la peine de l'emprisonnement est prononcée par le Code de justice militaire, le Conseil de guerre est autorisé à faire l'application de l'article 463 du Code pénal, sans toutefois que la peine de l'emprisonnement puisse être remplacée par une amende.

Nonobstant toute réduction de peine par suite d'admission de circonstances atténuantes, la peine de la destitution sera toujours appliquée par le Conseil de guerre dans les cas où elle est prononcée par le Code de justice militaire.

Art. 20. Les infractions contre les obligations spéciales imposées par le titre Iᵉʳ de la présente loi, dont la répression est attribuée par l'article 15 aux tribunaux ordinaires, sont punies de la manière suivante, sauf pour les hommes appartenant à l'armée territoriale ou à la réserve de cette armée, à l'égard desquels les peines sont abaissées ainsi qu'il est dit à l'article 21 ci-après :

1° Les infractions aux prescriptions relatives aux changements de domicile (article 2 de la présente loi) sont punies d'une amende de seize francs (16 fr.) à deux cents francs (200 fr.). Le délinquant peut, en outre, être condamné à un emprisonnement de quinze jours à trois mois ;

2° Les infractions aux prescriptions relatives aux changements de résidence et aux déplacements pour voyager (article 3 de la présente loi) sont punies d'une amende de seize francs (16 fr.) à cinquante francs (50 fr.) et d'un emprisonnement de six jours à un mois, ou de l'une de ces peines seulement ;

3° Le retard non justifié, en cas de convocation pour des manœuvres, exercices ou revues, est puni d'un emprisonnement de six jours à un mois, si le retard a été de plus de huit jours, sans constituer cependant le délit d'insoumission.

En cas de récidive ou en temps de guerre, toutes ces peines peuvent être doublées.

En outre, tout homme qui n'a pas rejoint au jour indiqué pour des manœuvres, exercices ou revues, peut être astreint par l'autorité militaire à passer ou à compléter, dans un corps ou dans un dépôt, le temps de service pour lequel il était appelé.

Art. 21. Pour les hommes appartenant à l'armée territoriale ou à la réserve de cette armée, les peines édictés à l'article précédent seront réduites de la manière suivante :

Dans le premier cas : amende de seize à cinquante francs (16 à 50 fr.) ; durée de l'emprisonnement, de six jours à un mois ;

Dans le deuxième cas : amende de seize à vingt-cinq francs (16 à 25 fr.) ; durée de l'emprisonnement, de six jours à quinze jours ;

Dans le troisième cas : durée de l'emprisonnement, de six jours à quinze jours.

Ces réductions de peine auront lieu sous la réserve des dispositions contenues aux deux derniers paragraphes de l'article précédent.

Art. 22. L'article 463 du Code pénal est applicable aux délits prévus et punis par les articles 20 et 21 qui précèdent.

Art. 23. Les infractions laissées par l'article 16 de la présente loi à la répression directe de l'autorité militaire, seront l'objet de punitions déterminées par le règlement dont il est parlé au même article 16 (1).

___

(1) V. Décret du 16 mars 1878, p. 1245.

Ces punitions, qui ne devront pas dépasser un mois de prison, seront réduites au maximum de quinze jours de prison pour les hommes ayant moins de trois mois de présence sous les drapeaux, et pour ceux appartenant à l'armée territoriale ou à la réserve de cette armée, lorsqu'ils auront été renvoyés dans leurs foyers depuis plus de six mois.

L'autorité militaire sera chargée d'en assurer l'exécution, soit dans les prisons des corps de troupe de la garnison la plus voisine, soit dans les lieux de détention militaire, soit dans les prisons civiles, sous la réserve que les hommes ainsi punis ne seront jamais confondus avec les prévenus ou les détenus criminels ou correctionnels.

Il sera tenu note de ces punitions par l'autorité militaire.

TITRE IV

DISPOSITIONS TRANSITOIRES.

Art. 24. Tout homme faisant partie, soit de la réserve de l'armée active, comme appartenant aux classes de 1867, 1868, 1869, 1870, 1871, soit de l'armée territoriale ou de sa réserve, comme appartenant aux classes de 1855, 1856, 1857, jusques et y compris celle de 1866, qui ne serait pas encore inscrit sur les contrôles, devra, dans un délai de trois mois, à partir de la promulgation de la présente loi, faire au commandant de la gendarmerie de la localité où il réside la déclaration nécessaire à la constatation de sa résidence. Il lui en sera donné récépissé.

Le défaut de déclaration sera puni d'une amende de seize francs à deux cents francs (16 fr. à 200 fr.) et d'un emprisonnement de quinze jours à trois mois, ou de l'une de ces peines seulement. Il pourra être fait application à l'inculpé de l'article 463 du Code pénal.

Art. 25. Tout homme compris sur les contrôles de l'armée territoriale, bien qu'il ait été précédemment exempté ou réformé pour infirmités, sera affranchi du service, par la justification faite à l'autorité militaire de son exemption ou de sa réforme.

Il en sera de même des hommes de l'ancienne garde nationale mobile, inscrits sur les contrôles de la réserve de l'armée active, en vertu de la loi du 27 juillet 1872, qui justifieraient avoir été définitivement exemptés du service pour infirmités.

Décret du 16 mars 1878 portant règlement sur l'application des articles 16 et 23 de la loi du 18 novembre 1875 ayant pour objet de coordonner les lois des 27 juillet 1872, 24 juillet 1873, 13 mars, 19 mars et 6 novembre 1875, avec le Code de justice militaire (1).

Vu la loi du 18 novembre 1875 ayant pour objet de coordonner les lois des 27 juillet 1872, 24 juillet 1873, 13 mars, 19 mars et 6 novembre 1875 avec le Code de justice militaire, et notamment les articles 16 et 23 de ladite loi ;

Vu l'article 42 de la loi du 13 mars 1875, relative à la constitution des cadres et des effectifs de l'armée active et de l'armée territoriale ;

Vu le décret du 15 juillet 1875, relatif aux positions des officiers et assimilés commissionnés du cadre de réserve, servant au titre auxiliaire ;

Vu le décret du 18 juillet 1875, portant abrogation, en ce qui concerne les vétérinaires militaires du décret du 18 juillet 1857, relatif à la composition des tribunaux militaires ;

Voulant déterminer les conditions dans lesquelles doit s'exercer la répression des fautes commises par les militaires de tous grades appartenant à la réserve et à l'armée territoriale lorsque ces fautes ne constituent ni crime ni délit ;

TITRE Ier

SOUS-OFFICIERS ET SOLDATS.

Art. 1er. Sont du ressort de l'autorité militaire, pour être l'objet de punitions disciplinaires prononcées par les officiers et généraux ou supérieurs dans le commandement desquels les délinquants sont placés, les infractions contre le devoir militaire ci-après énumérées, lorsque, ne constituant ni crime, ni délit, elles échappent à la juridiction des tribunaux :

---

(1) Loi du 18 novembre 1875, p. 1235.

1° Les infractions contre les obligations spéciales imposées par la loi du 18 novembre 1875 aux hommes désignés à l'article 1ᵉʳ de cette loi (1) ;

2° Leur retard non justifié en cas de convocation pour des manœuvres, exercices ou revues ;

3° Les infractions qu'ils commettent contre la discipline lorsqu'ils sont revêtus d'effets d'uniforme ;

4° Tout acte de désobéissance aux ordres de l'autorité militaire donnés en exécution des lois qui les régissent.

Art. 2. Les punitions disciplinaires sont ordonnées ainsi qu'il suit :

Par les commandants de recrutement dans la circonscription de leur bureau . . . . . .

> Deux jours de prison aux hommes ayant moins de trois mois de présence sous les drapeaux (2), et à ceux appartenant à l'armée territoriale ou à sa réserve, lorsqu'ils auront été renvoyés dans leurs foyers depuis plus de six mois ;
>
> Quatre jours de prison aux hommes faisant partie de toutes les autres catégories énumérées à l'article 1ᵉʳ de la loi du 18 novembre 1875.

Par le général de brigade exerçant le commandement territorial.

> Quatre jours de prison aux hommes ayant moins de trois mois de présence sous les drapeaux, et à ceux appartenant à l'armée territoriale ou à sa réserve, lorsqu'ils auront été renvoyés dans leurs foyers depuis plus de six mois ;
>
> Huit jours de prison aux hommes faisant partie de toutes les autres catégories énumérées à l'article 1ᵉʳ de la loi.

---

(1) Notamment, la lacération du livret doit être considérée comme une infraction aux obligations imposées par l'article 5 de la loi, puisque l'homme se place ainsi volontairement dans l'impossibilité de satisfaire à tout ou partie des obligations prévues par cet article Dans certains cas même, l'acte de lacération pourrait emprunter un caractère plus grave aux mobiles qui l'auraient dicté et l'autorité militaire ne devrait pas juger suffisante une punition disciplinaire. Il en serait alors référé au Ministre de la guerre. En cas de perte du livret, il suffira de modifier le motif de la punition infligé à l'homme qui s'est mis ainsi *par sa négligence* dans l'impossibilité, etc.

(2) Par trois mois de présence sous les drapeaux, on doit entendre le temps de service accompli, même en plusieurs périodes différentes.

Par le général de division exerçant le commandement territorial.

> Huit jours de prison aux hommes ayant moins de trois mois de présence sous les drapeaux, et à ceux appartenant à l'armée territoriale ou à sa réserve, lorsqu'ils auront été renvoyés dans leurs foyers depuis plus de six mois ;
>
> Quinze jours de prison aux hommes faisant partie de toutes les autres catégories énumérées à l'article 1er de la loi.

Par le général commandant le corps d'armée . . . .

> Quinze jours de prison aux hommes ayant moins de trois mois de présence sous les drapeaux, et à ceux appartenant à l'armée territoriale ou à sa réserve, lorsqu'ils auront été renvoyés dans leurs foyers depuis plus de six mois ;
>
> Trente jours de prison aux hommes faisant partie de toutes les autres catégories énumérées à l'article 1er de la loi.

Art. 3. La nature aussi bien que la durée des punitions indiquées à l'article 23 de la loi du 18 novembre 1875 doivent être considérées comme un maximum. Toute punition de prison infligée peut être inférieure au nombre de jours déterminé ; de même les jours de punition ne sauraient être nécessairement des jours de prison.

Les hommes dirigés sur des corps à proximité de leur résidence, peuvent donc être mis à la salle de police ou en prison suivant la gravité de la faute commise.

La punition de prison peut être subie soit dans les locaux disciplinaires des corps de troupe, soit dans les lieux de détention militaire, soit enfin dans les prisons civiles.

Pendant la durée de leur séjour dans le local disciplinaire du corps, les hommes sont soumis à toutes les prescriptions que comporte le règlement sur le service intérieur des corps, en ce qui concerne les punitions.

Art. 4. Les punitions sont notifiées de la manière suivante :

Le commandant de recrutement dans la subdivision duquel un

homme est puni établit deux bulletins ; l'un est transmis à l'homme puni ou déposé à son domicile, ou à sa résidence par la gendarmerie qui dresse procès-verbal de ladite remise et rend compte au commandant de recrutement. Le deuxième bulletin est adressé au corps qui doit recevoir l'homme ; il est renvoyé au commandant de recrutement après qu'on y a mentionné l'exécution de la punition.

Art. 5. L'homme puni se rend librement au corps qui lui est désigné sur le bulletin ; on lui délivre, s'il y a lieu, un ordre de route.

Ceux qui n'obéissent pas au premier ordre sont amenés au corps sous l'escorte de la gendarmerie.

Art. 6. Le commandant de recrutement prend note, sur un registre spécial, des punitions infligées aux hommes de sa subdivision ; il communique à ses collègues celles encourues par ceux de leurs hommes qui ont transporté leur domicile, ou sont venus résider dans sa circonscription. De plus, le commandant de recrutement, par les soins duquel un homme puni a reçu une affectation, donne avis de la punition au corps, qui l'inscrit sur le livret matricule.

Art. 7. Chaque année, et pendant le mois qui précède l'appel pour la période d'instruction, les généraux commandant les corps d'armée font établir, en autant d'exemplaires imprimés qu'il y a de casernes dans lesquelles des réservistes seront réunis, un relevé nominatif, par commune, des principales punitions infligées dans le corps d'armée, depuis la dernière convocation, aux sous-officiers et soldats de la disponibilité, de la réserve et de l'armée territoriale. Le libellé des motifs doit être clair et présenté dans des termes usuels plutôt que légaux.

Un exemplaire de ce relevé est placardé dans un endroit apparent, mais à l'intérieur de chacune des casernes.

Il est renvoyé un de ces relevés au Ministre de la guerre (*Bureau des réserves et de l'armée territoriale*).

TITRE II

OFFICIERS ET ASSIMILÉS.

Art. 8. Les officiers de réserve ou de l'armée territoriale et assimilés, lorsqu'ils sont dans leurs foyers, sont passibles de punitions disciplinaires pour toutes les infractions à leurs obligations militaires. (Art. 1er de la loi du 18 novembre 1875.)

Les officiers généraux prononcent les punitions déterminées ci-dessous, en restant (en ce qui concerne la durée) dans les limites fixées par l'article 23 de la loi du 18 novembre 1875.

Ces punitions sont ordonnées, savoir :

1° Les arrêts simples ;
2° La réprimande avec inscription au registre du personnel ;

Par les généraux de brigade exerçant le commandement territorial ;

3° Les arrêts de rigueur ;
4° La prison ;

Par les généraux de division exerçant le commandement territorial, et les généraux commandant les corps d'armée.

5° La privation de la commission pour un temps qui ne pourra être moindre de trois mois ni excéder une année. (Article 9 du décret du 15 juillet 1875.)

Par le chef de l'État, sur le rapport du Ministre de la guerre.

Art. 9. Les officiers punis d'arrêts simples peuvent être autorisés à sortir par les généraux qui leur ont infligé cette punition, mais exclusivement pour remplir les emplois qu'ils occupent, ou se livrer à leurs occupations professionnelles.

Art. 10. Ceux qui sont mis au arrêts de rigueur ne peuvent s'absenter de chez eux qu'avec une permission expresse du général commandant le corps d'armée. La durée de l'absence autorisée est toujours exactement indiquée, et la punition suspendue pendant le temps de toute absence, excédant vingt-quatre heures.

Le commandant du corps d'armée peut aussi accorder exceptionnellement à l'officier ou assimilé qui a encouru une punition de prison, l'autorisation de la faire chez lui. Toutefois, les punitions de prison infligées pour violation d'arrêts sont toujours subies intégralement dans un lieu de détention à proximité, et offrant les dispositions intérieures en rapport avec la position d'officier.

Art. 11. Le présent règlement abroge toutes les prescriptions antérieures et notamment celles des circulaires des 19 mai et 21 juillet 1876.

80

Loi du 3 avril 1878, sur l'état de siège (1).

Art. 1er. L'état de siège ne peut être déclaré qu'en cas de péril imminent, résultant d'une guerre étrangère ou d'une insurrection à main armée.

Une loi peut seule déclarer l'état de siège; cette loi désigne les communes, les arrondissements ou départements auxquels il s'applique. Elle fixe le temps de sa durée. A l'expiration de ce temps l'état de siège cesse de plein droit, à moins qu'une loi nouvelle n'en prolonge les effets.

Art. 2. En cas d'ajournement des Chambres, le président de la République peut déclarer l'état de siège, de l'avis du Conseil des ministres, mais alors les Chambres se réunissent de plein droit, deux jours après.

Art. 3. En cas de dissolution de la Chambre des députés, et jusqu'à l'accomplissement entier des opérations électorales, l'état de siège ne pourra, même provisoirement, être déclaré par le président de la République.

Néanmoins, s'il y avait guerre étrangère, le Président, de l'avis du Conseil des ministres, pourrait déclarer l'état de siège dans les territoires menacés par l'ennemi, à la condition de convoquer les collèges électoraux et de réunir les Chambres dans le plus bref délai possible.

Art. 4. Dans le cas où les communications seraient interrompues avec l'Algérie, le gouverneur pourra déclarer tout ou partie de l'Algérie en état de siège, dans les conditions de la présente loi.

Art. 5. Dans les cas prévus par les articles 2 et 3, les Chambres, dès qu'elles sont réunies, maintiennent ou lèvent l'état de siège. En cas de dissentiment entre elles, l'état de siège est levé de plein droit.

Art. 6. Les articles 4 et 5 de la loi du 9 août 1849 sont maintenus, ainsi que les dispositions de ses autres articles non contraires à la présente loi.

---

(1) V. loi du 11 août 1849, p. 1069.

TABLE CHRONOLOGIQUES DES MATIÈRES

CONTENUES DANS LE SUPPLÉMENT.

1072. — ABBEVILLE. — TYP. ET STÉR. GUSTAVE RETAUX.

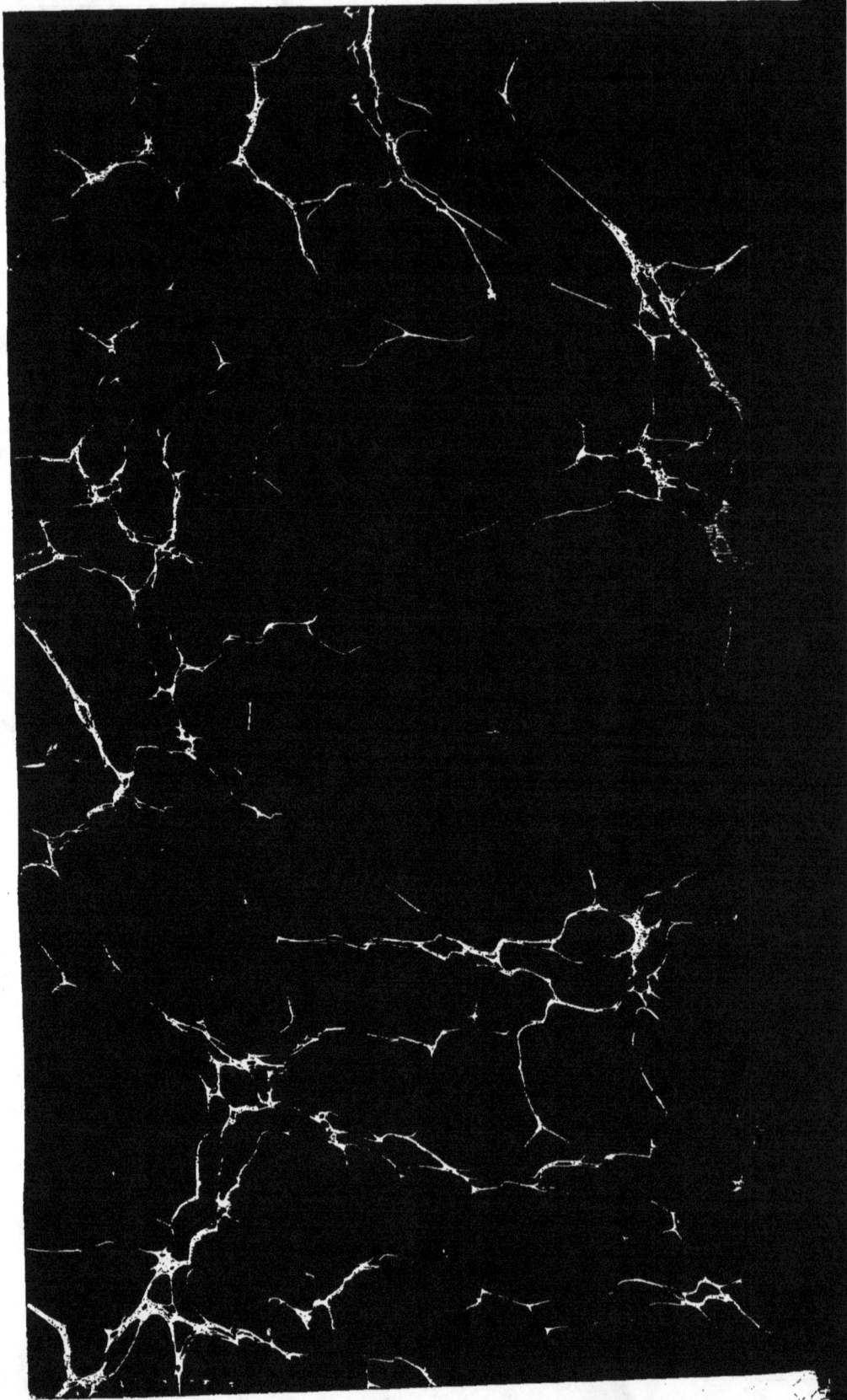

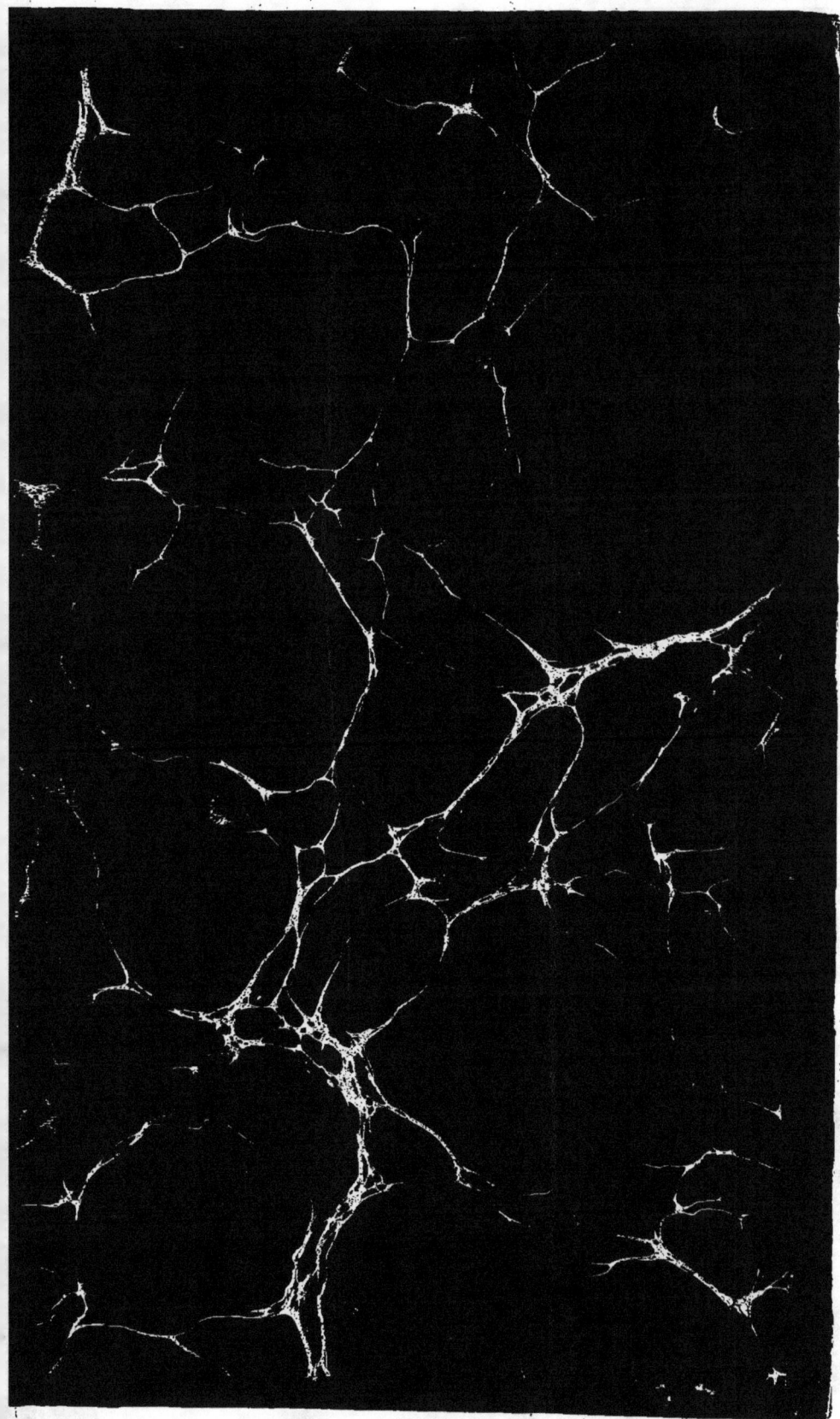

www.ingramcontent.com/pod-product-compliance
Lightning Source LLC
Chambersburg PA
CBHW052048270326
41931CB00012B/2686